성탄이야기
Christmas Story

홍림의 마음

넓고 붉은 숲이라는 중의적 의미를 담고 있는 <홍림>은, 세상을 향해 그리스도인들이 추구해야할 사유와 기독교적 행동양식의 바람직한 길을 모색하고자 노력하고 있습니다. 폭넓은洪 독자층林을 향해 열린 시각으로 이 시대 그리스도인의 역할 고민을 감당하며, 하늘의소망을 품고 사는 은혜 받은 '붉은 무리'紅林:홍림로서의 숲을 조성하는데 <홍림>이 독자 여러분과 함께하고자 합니다.

성탄 이야기

지은이 이용원
펴낸이 김은주

1판 1쇄 인쇄 2011년 11월 20일
1판 2쇄 발행 2016년 12월 10일

펴낸곳 홍 림
등 록 제312-2007-000044호
주 소 서울특별시 서대문구 거북골로14길 60
전자우편 hongrimpub@gmail.com
전 화 070-4063-2617
팩 스 070-7569-2617

값은 표지에 있습니다.
ISBN 978-89-966190-4-8 (03230)

이 책은 저작권법에 의하여 한국 내에서 보호를 받는 저작물이므로 무단전재와 복재를 금합니다.

이 도서의 국립중앙도서관 출판시도서목록(CIP)은
e-CIP홈페이지(http://www.nl.go.kr/ecip)와
국가자료공동목록시스템(http://www.nl.go.kr/kolisnet)에서
이용하실 수 있습니다.
(CIP제어번호: CIP 2011004863)

성탄이야기
Christmas Story

이용원 지음

홍림

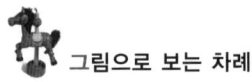 **그림으로 보는 차례**

1부

원죄-미켈란젤로　18
악기들이 그려진 이새의 나무-작자 미상　22
사가랴에게 고함-본니파지오 베로네세　34
수태고지-레오나르도 다 빈치　39
베들레헴에서의 호구조사-피테르 브뢰헬　46
성탄-콘라트 폰 조스트　54
목동들의 경배-니콜라스 푸생　58
예수 탄생-구스타브 도레　63
동방박사들-레오폴로 쿠펠뷔써　72
동방박사들의 경배-외젠 들라크루아　80
배에 앉아 사람들을 가르치시는 예수-구스타브 도레　87
십자가에 달리신 예수-구스타브 도레　92

2부

썰매를 타고ⓒ이신정　114
겸손한 전나무ⓒ이신정　128
산타클로스의 선물 배달ⓒ이신정　149
성탄 선물ⓒ이신정　160
성탄 촛불ⓒ이신정　168
한여름의 성탄ⓒ이신정　173

이르되 찬송하리로다

주의 이름으로 오시는 왕이여 하늘에는 평화요

가장 높은 곳에는 영광이로다 눅19:18.

Merry Christmas

기쁘고 즐거운 성탄 보내시길 기원합니다.

_____ 님께

 책 머리에

구약의 이스라엘 백성들에게는 하나님의 명을 따라 조상들로부터 물려받은 중요한 세 절기가 있었습니다. 유월절무교절, 오순절칠칠절과 초막절수장절이 그것입니다. 그 밖에도 여러 절기가 있었지만 이스라엘 백성들은 이 세 절기를 중요하게 지켰습니다. 2000년 교회 역사가 남긴 절기도 여러 가지가 있습니다. 그 중에서 가장 중요한 절기는 부활절과 성탄절입니다. 그 밖에 하나를 더 추가한다면 추수감사절을 넣을 수 있을 것입니다.

그럼에도 불구하고 그 절기들의 의미를 바르게 설명해주고 어떻게 그 절기를 지켜야하는지에 대한 지침이 될 만한 자료와 정보는 너무 부족한 형편입니다. 그냥 해마다 해오던 일이니까 올 해도 그렇게 하면 된다고 생각해 왔습니다. 급속한 변화를 겪고 있는 현대인들로서는 그런 변화에도 불구하고 지켜내지 않으면 안

될 가치 있는 진리는 어떤 것이고, 또 그런 변화에 부응하여 적절히 적응해나가야 하는 것은 어떤 것들인지를 판단하는 일은 더욱 어려운 형편입니다.

이런 현실을 살아오면서 그 중에서 먼저 성탄절의 성서적 의미를 살펴보았습니다. 그리고 오늘의 현장에서 그대로 지키든지, 아니면 창조적 변화를 모색할 수 있는 성탄절과 관련된 교회 전통들을 살펴봄으로써 좀 더 뜻 깊은 성탄절을 맞고 기리는데 약간의 도움이라도 줄 수 있으면 좋겠다는 마음에서 몇 가지 서적들을 참고하여 정리해보았습니다.

이 작은 글이 읽는 사람들에게 하나의 의미 있는 정보가 되고 참고할 수 있는 자료가 되었으면 하는 간절한 소망을 가지고 이 글을 내 놓습니다. 더불어서 어려운 출판 여건에도 흔쾌히 출판에 응해주신 홍림 출판사의 김은주 사장님께도 감사를 드립니다.

2011년 가을에

 차 례

책 머리에 6

서 문 하나님께서 주신 최대의 선물 10

제1부 성경에서 본 성탄 이야기

제 1 장 **구약에 예언된 성탄 이야기** 16

제 2 장 **수태고지**受胎告知 31

제 3 장 **첫 번 성탄절: 언제 어디서 어떻게** 45

제 4 장 **첫 방문 손님들: 목자들** 56

제 5 장 **동방박사들 이야기** 70

제 6 장 **말씀이 육신이 되어** 84

제II부 성탄절 전통 이야기

제7장 **성탄절 노래: 크리스마스 캐럴** 98

제8장 **크리스마스트리** 125

제9장 **산타클로스와 선물, 양말** 136

제10장 **크리스마스카드와 선물 교환** 151

제11장 **다른 성탄절 전통들** 162

제12장 **세계의 성탄절 이야기** 171

참고문헌 176

 서 문

하나님께서 주신 최대의 선물

북반구에 사는 우리는 해마다 추운 겨울이 오면 크리스마스를 맞이합니다. 예수님께서 이 땅에 오신 날을 기리는 날을 맞는 것입니다. 예수님께서 태어나셨던 유대 나라도 북반구에 속해 있습니다. 그를 그리스도구세주로 믿고 따르는 기독교도 북반구에 있는 나라들을 중심으로 발전되어 왔으므로 크리스마스 하면 우리는 추운 겨울을 연상하게 됩니다.

추운 겨울이 오면 만물이 추위에 떨게 됩니다. 찬바람은 불어오는데 잎이 다 떨어지고 앙상하게 남은 나뭇가지에 앉아 떨고 있는 참새 한 마리를 생각해 볼까요? 아무리 털갈이를 했다고 해도 무척 추울 것이라는 생각은 어쩔 수 없습니다. 참새뿐일까요? 사람들은 누구나 좌절과 외로움, 슬픔과 실패, 위험과 혼란, 두려움과 죄책감 등의 앙상한 나뭇가지에 앉아 떨며 살아갑니다. 사람은 누구나 기꺼이 맞아주는 따뜻한 보금자리를 소망하며 살아갑니다. 그래서 교회들은 그들을 맞이하려고 밤마다 십자가에 불을 밝히고, 주일마다 말씀을 전하며 찬양을 드립니다. 그러나 정작 따뜻한 무엇인가를 바라는 그 많은 사람들을 불러들이는 데는 실패하고 있는 것이 현실입니다.

※ ※ ※

이런 시대에 크리스마스는 그래서 더욱 의미가 큽니다. 추위에 떨고 있는 사람들을 위해 하늘나라에 계시던 하나님의 아들이 우리와 함께하시면서 우리에게 하늘의 복을 모두 가져다주시려고 사람의 모습으로 오신 날이기 때문입니다.

하나님께서 처음 사람을 만드셨을 때의 모습은 피조물 가운데 가장 존귀하고 흠잡을 데가 없는 존재였습니다. 지극한 복도 누릴 수 있는 존재였습니다. 그러나 그런 인간이 하나님의 말씀에 순종하지 못하고 그만 그 복된 자리에서 쫓겨나 갖가지 고난과 추위에 떨 수밖에 없는 존재로 추락하고 말았습니다. 하나님 앞에서 죄인이 되고 만 인간은, 그 결과 이 땅에서만 추위에 떠는 존재가 아니라 영원한 저주와 멸망에 이를 수밖에 없는 존재가 되고 만 것입니다. 거기에서 벗어나 보려는 인간의 발버둥은 계속되었지만 그 역시 아무런 소용이 없는 헛발질에 불과합니다. 사람은 스스로를 구원할 수 있는 길이 전혀 없기 때문입니다 Man has no way to save himself. 공의의 하나님은 그 죄의 값을 반드시 치를 것을 요구하시고, 사람의 힘으로는 그 죄 값을 치를 능력이 전혀 없기 때문입니다.

그러나 하나님은 공의의 하나님이실 뿐만 아니라 사랑의 하나님이시기도 합니다. 하나님께서는 인간을 그 비참한 상황에서 건져내어 본래의 모습으로 돌아가게 하실 수 있는 분입니다. 그것은 하나님께로부터 나오는 것이며, 하나님께서 마련하셔서 주시는 길입니다. 그 길은 또한 하나님께서 은혜로 주시는 '선물'입니다. 일반적으로 종교가 추구하는 구원이란 신과의 협상을 통해 이뤄지는 것입니다. 즉 '내가 이렇게 하면행하거나 알면 신은 저것을 해주신다 If I do this, God will do that'는 식의 구원을 말합니다. 그러나 우리가 믿는 하나님은 그렇게 인간과 협상하시는 분이 아닙니다. 인간은 하나님께서 은혜로 베풀어 주신 그 길을 따라가면 되는 것입니다. 친한 친구가 우리를 자기 집으로 초대해서 저녁을 대접할 때 우리는 그 초대에 응하여 가기만 하면 됩니다. 만일 초대받은 사람이 '이렇게 근사한 대접을 받으려면 얼마를 내면 되느냐?'

고 묻는다면 그것은 큰 실례일 것입니다. 다시 말해 기독교의 '구원'은 우리가 사랑은혜의 하나님의 초대에 응하기만 하면 아무런 다른 대가 없이 그 구원의 잔치를 누릴 수 있는 것입니다.

※※※

예수님은 하나님께서 우리에게 그 은혜의 길로 보내신 분입니다. 그러므로 사람의 모습으로 오신 예수님은 하나님께서 우리에게 주신 최대의 선물입니다. 그 선물을 주신 날이 바로 크리스마스인 것입니다.

"내가 곧 길이요 진리요 생명이라" 요14:6.

그가 우리 인간에게 죄와 어둠, 저주와 멸망의 길에서 구원의 길이 되시려고 이 땅 위에 오신 날이 바로 크리스마스입니다. 때문에 온 인류가 그 날을 기쁨으로 맞이하는 것은 당연한 일이 아닐 수 없습니다.

제1부

성경에서 본 성탄이야기
Christmas Story in Bible

구약에 예언된 성탄 이야기

성탄 이야기는 신약성경의 복음서에서 처음 전한 이야기가 아닙니다. 이미 구약성경에서 오래 전부터 여러 번에 걸쳐 예언된 이야기입니다. 구약에서 약속된 그 일이 신약에서는 성취되었고, 그것을 복음서는 아름답게 묘사하여 전해주고 있는 것입니다. 또 구약성경에서의 예언은 한 번으로 그치지 않습니다.

그런 예언의 말씀은 사람이 하나님의 법을 순종하지 않아 죄인으로 전락한 바로 그 자리에서 시작되었습니다창3장. 유혹자 뱀

사탄의 화신에 대한 형벌을 선고하실 때 하나님께서 비록 직접적으로는 아니라고 하더라도 간접적으로 성탄의 사건을 언급하신 것이 그 처음입니다.

> "내가 너로 여자와 원수가 되게 하고 네 후손도 여자의 후손과 원수가 되게 하리니, 여자의 후손은 네 머리를 상하게 할 것이요 너는 그의 발꿈치를 상하게 할 것이니라" 창3:15.

하나님께서는 여자의 후손으로 오실 이가 사탄의 세력을 짓밟고 승리하실 것을 예고하심으로써 그가 구원자로 이 땅에 오실 것을 처음부터 말씀하셨습니다. 여기에서의 뱀은 단순히 '뱀'이 아닙니다. 그 배후에 어떤 존재가 분명히 있음을 시사하고 있기 때문입니다. 하나님께 대적하는 자 곧 사탄이 있고, 벌도 뱀에게 내린 벌이라기보다 사탄과 그의 수하에 속하는 마귀들에 대한 벌의 선고라고 보아야 합니다.

하나님께서는 죄에 대해서는 형벌을 선고하시지만 범죄한 죄인들에게는 희망을 가질 수 있게 하신 분임을 분명히 보여주셨습니다. 그리하여 이런 인간의 범죄와 하나님의 형벌 선고 사건으

원죄-미켈란젤로

로 선의 세력과 악의 세력 간의 끊임없는 갈등 상황이 빚어지게 되었습니다. 그리고 이 말씀은 여자의 몸에서 태어날 그리스도께서 사탄의 머리를 짓밟고 승리할 것과 사탄과 그의 수하인 마귀들은 계속 하나님의 자녀들을 괴롭힐 것발꿈치를 상하게 함을 예고해주고 있습니다. 서로 대결을 하지만 결국에는 그리스도께서 사탄의 머리를 밟아 뭉게버리고, 사탄은 하나님의 사람의 발꿈치에 상처를 준다는 묘사, 이것은 그리스도의 완전한 승리를 예고합니다. 이 말씀은 예수님의 탄생, 곧 성탄을 간접적으로 보여주는 예언의 말씀이라고 할 수 있습니다.

다윗의 자손

하나님께서는 다윗과의 언약을 통해서도 메시아가 오실 것을 간접적으로 보여주셨습니다. 하나님께서 그에게 "이스라엘의 왕위에 오를 사람이 네게서 끊어지지 아니하리라"는 약속을 여러 차례 주신 것입니다삼하7:12-16;왕상 2:4,8:25,9:5. 여기서 다윗의 후손을 우리가 알고 있는 이스라엘이라는 나라의 왕위를 계속 이어간다는 의미로 이해하면 그것은 잘못입니다. '그 나라'의 역사는 전혀 다른 모습으로 발전해 왔기 때문입니다. 즉 이 말씀은 영적인 의미로 해석해야 합니다. 다윗의 자손으로 오실 메시아는 이스라엘 사람들뿐만 아니라 예수님을 믿는 모든 사람에게 영원한 왕으로 계실 것을 예언적으로 보여주는 말씀으로 이해해야 합니다. 그렇게 본다면 이 말씀도 메시아가 다윗의 후손으로 오신다는 것과, 성탄절 이야기를 간접적으로 알려준다고 할 수 있습니다.

✳ ✳ ✳

그러나 직접적인 성탄 예언은 선지자들의 글에서 볼 수 있습니다. 먼저 선지자 예레미야의 말을 들어볼까요?

"보라 때가 이르리니 내가 다윗에게 한 의로운 가지를 일으킬 것이라. 그가 왕이 되어 지혜롭게 다스리며 세상에서 정의와 공의를 행할 것이며, 그의 날에 유다는 구원을 받겠고 이스라엘은 평안히 살 것이며 그의 이름은 여호와 우리의 공의라 일컬음을 받으리라"렘23:5-6.

또 그는 반복해서 이렇게 말하고 있습니다.

"그 날 그 때에 내가 다윗에게서 한 공의로운 가지가 나게 하리니 그가 이 땅에 정의와 공의를 실행할 것이라. 그 날에 유다가 구원을 받겠고 예루살렘이 안전히 살 것이며 이 성은 여호와는 우리의 의라는 이름을 얻으리라"렘33:15-16.

때가 되면 다윗의 후손 가운데서 '한 의로운 가지'가 나온다는 것입니다. 바로 이 말이 메시아를 가리키는 말씀입니다. 여기에서 가지branch라는 말은 큰 가지보다는 큰 나무에서 새로 움터 나온 작은 새 가지를 의미합니다. 스가랴 선지자는 그것을 '싹'이라고 표현하고 있습니다슥3:8*,6:12. 부드럽고 약해 보이면서도 생명력

---

* 대제사장 여호수아야 너와 네 앞에 앉은 네 동료들은 내 말을 들을 것이니라 이들은

이 넘치는 새 가지싹로 세상에 오실 메시아의 모습을 잘 묘사해주고 있는 것입니다. 그 가지는 '의로운 가지'입니다. 그는 세상에 오셔서 공의를 행하시며 죄인을 의인으로 만드실 메시아이십니다. 그가 펴시는 공의는 무력으로 이루는 것이 아니라 평강의 왕으로서 이루시는 공의를 말합니다. 즉 그가 왕으로 다스리는 그 나라에서 행해지는 공의와 정의는 강압적인 힘에 의해서가 아니라 그를 왕으로 모시는 사람들의 마음속에 이루어지는 평화 때문에 이루어지는 것입니다. 그리고 그가 오셔서 왕으로 다스리시는 그 나라는 구원을 얻게 되고 또한 번영을 누리게 될 것을 보여줍니다. 물론 그 번영은 세상적인 번영이 아니며 영적으로 풍성한 은혜를 받아 누리는 것을 의미합니다.

동정녀 탄생의 신비

다음으로, 오실 메시아에 대해 가장 많은 관심을 보였던 선지자 이사야의 성탄 예언을 살펴보겠습니다. 우리가 익숙히 알고 있는 말씀입니다.

예표의 사람들이라 내가 내 종 싹을 나게 하리라

악기들이 그려진 이새의 나무-작자 미상

> "그러므로 주께서 친히 징조를 너희에게 주실 것이라. 보라, 처녀가 잉태하여 아들을 낳을 것이요 그의 이름을 임마누엘이라 하리라" 사7:14.

    이 말씀은 성탄에 관해 크게 두 가지를 예언하고 있습니다. 동정녀 탄생과 임마누엘로 오시는 메시아가 그것입니다. 이사야 선지자는 메시아가 오시는 징조로 '처녀가 잉태하여 아들을 낳을 것'이라고 했습니다. 이 말씀은 과학적인 눈으로 이해하려고 해서는 안 됩니다. 과학적이고 합리적으로 이해할 수 있는 일이라면 징조라고 할 수 없죠. 이 말씀을 하나님께서 보여주시는 징조라고 믿지 않는 혹은 않으려는 사람들은 거기에 사용된 단어로도 트집을 잡곤 합니다. 그들은 '처녀'라고 번역된 단어가 순수하게 처녀만을 가리키는 단어가 아니라 '결혼할 수 있는 성숙한 여자'를 가리키는 말이라고 주장합니다. 순수한 처녀를 포함해서 율법을 어기지 않고 결혼할 수 있는 모든 여성을 포함한다는 것입니다. 그러나 이것은 따져서 합리화시킬 문제가 아니라 믿음의 문제입니다. 우리가 사도신경을 통해서도 의심하지 않고 예수님의 동정녀 탄생을 믿고 고백할 수 있는 것처럼 말이지요.

임마누엘

둘째로 메시아로 오시는 그분은 임마누엘이라는 이름으로 오신다고 했습니다. 이 말은 "하나님께서 우리와 함께 계심"사8:10을 의미합니다. 물론 본문은 일차적으로 남 왕국 유다가 아람과 이스라엘 연합군의 침공으로 곤경에 처해 있을 때 이사야를 통하여 하나님께서 유다 백성들과 함께하신다는 위로의 말씀으로 주어졌습니다. 그러나 거기에 그치지 않고 이 말씀은 임마누엘로 오시는 메시아가 하나님의 백성들과 함께하실 것이라는 약속이고, 표적이었습니다. 임마누엘Immanuel은 인간이 아무리 어려운 상황에 처해 있어도 거기에서도 하나님은 함께 계셔서 그들에게 희망이 되심을 의미합니다.

❋❋❋

그리고 임마누엘은 하나님께서 해주시는 약속 가운데 최고의 약속입니다. 성경은 한마디로 말해서 하나님께서 우리 인간에게 해주시는 약속들을 기록해둔 글입니다. 구약舊約과 신약新約이 바로 그 약속을 의미합니다. 그 약속의 핵심은 하나님께서 함께 해주신다는 약속입니다. 하나님께서는 자기 사람들에게 한결같이 함께해주시겠다고 약속하셨고 실지로 함께 해주셨습니다. 그리고 하나님께서 함께 해주시는 그 길이 형통한 길이었습니다. 그렇게 약속해주시고 또 실지로 함께하심으로써 수많은 증거를 보여주셨던 하나님께서 이번에는 친히 인간 세계에 들어오심으로써 함께 해주시겠다는 약속을 이루어주심을 만 천하에 증거하신 것입니다. 그리고 그런 약속의 성취로서 오신 메시아는 땅 위에서 이루실 일을 모두 마치시고, 하늘나라로 올라가시기 전에 같은 약속을 남기셨습니다.

"내가 세상 끝 날까지 너희와 항상 함께 있으리라" 마28:20.

다음으로 이사야를 통해 주신 성탄의 예언으로 주신 말씀은 앗수르의 침공으로 온 나라가 흑암어려움에 처해 있지만 메시아가 오시면 압제자의 압박을 벗어나 영광을 누리게 된다는 것을 예언하고 있는 말씀입니다.

"이는 한 아기가 우리에게 났고 한 아들을 우리에게 주신 바 되었는데 그의 어깨에는 정사를 메었고 그의 이름은 기묘자라, 모사라, 전능하신 하나님이라, 영존하시는 아버지라,

평강의 왕이라 할 것임이라. 그 정사와 평강의 더함이 무궁하며 또 다윗의 왕좌와 그의 나라에 군림하여 그 나라를 굳게 세우고 지금 이후로 영원히 정의와 공의로 그것을 보존하실 것이라. 만군의 여호와의 열심히 이를 이루시리라"사 9:6-7.

그 나라는 한 아기, 한 아들이 오심으로 시작됩니다. 바로 메시아로 오시는 예수님의 탄생을 직접적으로 예언하는 말씀인 것입니다. 그는 만국을 다스리는 왕으로서의 권위를 갖추고 오십니다. 그러나 실지로는 그 반대의 모습으로 오셨습니다. 거기에는 영적인 비밀이 숨겨져 있습니다. 즉 그것은 실제적인 모습에 대한 예언이 아니라 영적으로 만왕의 왕으로서 오시는 메시아를 말씀하는 것입니다.

삼위일체의 하나님

이어서 그의 이름을 다섯 가지로 소개합니다. 이 이름들도 실제로 부르게 될 이름이 아니라 그 메시아가 어떤 분인지를 상징적으로 보여주는 말씀으로 이해해야 합니다. '기묘자'란, 사람의 모든 것을 초월하는 놀랍고 기적적인 분을 의미하고, '모사謀士'란 완전한 지혜로 가르치고 의논의 대상이 되시는 분을 의미합니다. 어떤 사람들은 이 둘을 하나로 합해서 '놀라운 모사Wonderful Counselor'로 읽기도 합니다. 오실 메시아의 속성을 잘 표현해주는 칭호가 아닐 수 없습니다. 또 그는 '전능하신 하나님'이십니다. 강력하고 무한하신 능력을 가지신 하나님이라는 뜻으로 구약에서 하나님을 표현할 때 자주 쓰던 전통적인 표현입니다. 메시아로 오시는 예수님은 바로 하나님의 아들, 곧 그는 바로 하나님 자신이셨던 겁니다. 그는 또한 '영존하시는 아버지'이십니다. 그가 아들로 표현되다가 아버지로 표현되는 데에는 삼위일체로 계시는 하나님의 신비가 있습니다. 또 그는 영원하신 분입니다. 영원이라는 말은 무한한 시간을 나타내는 말이 아닙니다. 그것은 시간의 세계를 완전히 초월해버린 전혀 다른 세계, 곧 하나님의 세계를 표현할 때 쓰는 말입니다. 영생이란 유한한 시간의 세계에 속해 있던 사람이 하나님의 은혜로 하나님의 세계에 들어가 누리는 삶을 말합니다. 오실 메시아는 영존하시는 분으로 사람들에게 그 영생을 주시려고 오시는 것입니다.

평강의 왕

마지막으로 그는 '평강의 왕'으로 오십니다. 오실 그는 평화의 왕으로 그가 이루시는 그 나라는 평화의 나라입니다. 여기에 쓰인 평화평강라는 말은 단순히 전쟁이 없는 상태를 의미하는 것이 아니라 분쟁이 없고 풍요로우며, 모든 것이 조화를 이루고 적극적으로 복리가 이루어지는 상태를 말합니다. 그가 땅 위에서 이루실 그 나라는 영원한 그 나라를 맛볼 수 있는 예표가 될 것입니다. 그는 이미 예언된 대로삼하7:12-16* 다윗의 후손으로 태어날 것이고, 또한 그의 통치가 이루어지는 그 나라는 무궁토록 계속될 것입니다. 그 나라에 정의와 공의가 충분히 행해지는 것은 말할 필요도 없을 것입니다.

❄ ❄ ❄

선지자 미가가 전해준 예언의 말씀은 예수께서 태어나실 장소를 알려주는 말씀으로 마태복음에서 인용되고 있기 때문에 우리

---

* 네 수한이 차서 네 조상들과 함께 누울 때에 내가 네 몸에서 날 네 씨를 네 뒤에 세워 그의 나라를 견고하게 하리라 그는 내 이름을 위하여 집을 건축할 것이요 나는 그의 나라 왕위를 영원히 견고하게 하리라 나는 그에게 아버지가 되고 그는 내게 아들이 되리니 그가 만일 죄를 범하면 내가 사람의 매와 인생의 채찍으로 징계하려니와 내가 네 앞에서 물러나게 한 사울에게서 내 은총을 빼앗은 것처럼 그에게서 빼앗지는 아니하리라 네 집과 네 나라가 내 앞에서 영원히 보전되고 네 왕위가 영원히 견고하리라 하셨다 하라

가 익히 알고 있는 본문입니다.

> "베들레헴 에브라다야, 너는 유다 족속 중에 작을지라도 이스라엘을 다스릴 자가 네게서 내게로 나올 것이라. 그의 근본은 상고上古에, 영원에 있느니라" 미5:2.

베들레헴은 다윗의 고향 마을입니다. 다윗의 증조부모인 보아스와 룻 이야기가 펼쳐진 곳이 바로 그 마을이었죠. 왕도王都가 아닌 작은 마을에서 다윗이 나와 이스라엘의 왕이 된 것처럼 오실 메시아도 그곳에서 태어나실 것을 보여주는 말씀입니다. 에브라다라는 말은 '풍성한 결실'이라는 의미를 가진 말로 넓은 들이 있는 그 지역을 지칭하는 말이었다고 할 수 있습니다. 같은 이름을 가진 마을이 여러 지역에 있으므로 유다 땅에 있는 베들레헴을 가리키기 위해서 사용된 말이었을 것입니다. 오실 그 메시아는 현실의 이스라엘이라고 하는 작은 나라의 왕이 아니라 영적인 이스라엘, 곧 하나님의 백성들의 영원한 '주와 구주the Lord and the Savior'가 되실 것을 말하고 있으며, 역시 그는 태초부터 계신요1:1* 하나님이심을 다시 분명하게 보여줍니다.

※ ※ ※

이처럼 메시아의 탄생은 구약에서 이미 여러 차례 예언되어 있습니다. 간접적인 예언들도 있고 직접적인 예언들도 있음을 우리는 살펴보았습니다. 그리고 그 예언에 따라 예수님은 태어나셨고, 그 날을 기억하고 즐거워하는 것이 바로 우리가 지키는 성탄절입니다.

---

* 태초에 말씀이 계시니라 이 말씀이 하나님과 함께 계셨으니 이 말씀은 곧 하나님이시니라

2 수태고지 受胎告知*

하나님의 보좌로부터 천사 가브리엘을 부르시는 소리가 들렸습니다. 가브리엘은 지체 없이 바로 하나님 앞에 나타났습니다. 천사 가브리엘은 성경에 그 이름이 나오는 가브리엘과 미가엘, 두 천사 중 하나로 하나님의 사자使者, 즉 하나님의 심부름꾼입니다. 그러므로 그를 부르신 것은 또 하나님께서 그에게 시키실 일이 있다는 뜻입니다. 하나님께서는 그에게 지

---

* 受胎告知, Annunciation 마리아가 성령에 의하여 잉태하였음을 천사 가브리엘이 마리아에게 알린 일을 말한다.

상에 사는 사람들에게 줄 최대의 선물을 전해주라고 하시면서 그 내용을 비밀스럽게 알려주셨습니다. 가브리엘이 하나님의 전에서 나오는 것을 보고 사탄도 하나님께 왔습니다. 자기 모르게 무슨 일을 하시려는지 알고 싶어서였습니다. 그는 에덴동산에서 사람을 유혹하여 타락시킨 이후로 늘 사람들을 대상으로 악을 꾸며 왔습니다. 하나님께서 하시는 일을 망가뜨리고 방해하는 것을 자기 사명으로 여기고, 사람들의 마음을 완악하게 만들며 진리를 가리고, 사람들에게서 기쁨과 평안을 빼앗아버린 것입니다. 그러나 사탄의 어떤 획책도 궁극적으로는 성공하지 못했고, 오히려 하나님께서는 그런 모든 악한 일들을 선으로 바꾸셔서 일해 오셨습니다.

가브리엘의 출장

사탄도 하나님께서 무엇인가 새로운 일을 계획하고 계시다는 것을 눈치 채고 또 방해 공작을 펴고 싶었지만 이미 가브리엘은 땅위로 내려가고 없었습니다. 하나님께서는 자기 자녀들을 너무나 사랑하셨기에 이제 약속하셨던 메시아를 세상으로 보내시기로, 아니 하나님 스스로 사람의 모습으로 세상에 오셔서 그의 자녀들을 구원하시려는 것이었습니다. 가브리엘은 바로 이 위대한 소식을 인류에게 알리려고 보내심을 받아 이 땅에 찾아왔습니다.

가브리엘은 갈릴리 지방 나사렛이라는 마을로 갔습니다. 얼마 전 그는 이미 한 차례 예루살렘 성전 성소에서 분향하고 있는 제사장 사가랴에게 가서 그가 비록 나이 많아도 아들_{세례 요한}을 낳으리라는 소식을 전해주었었습니다. 그리고 그로부터 6개월이 지난 이번에는 갈릴리 지방의 남부에 있는 나사렛이라는 마을을 찾은 것입니다. 그 마을은 남쪽으로 넓은 평원이 내려다보이는 아름다운 고장으로 예수님의 부모 요셉과 마리아의 고향 마을이었습니다. 그들은 약혼한 사이로 결혼을 앞두고 서로 사랑하고 있었습니다.

은혜받은 자여, 평안할 지어다

천사 가브리엘은 다윗의 후손에 속하는 요셉의 약혼녀_{약혼 기간은 대체로 1년 정도였습니다} 마리아에게 찾아갔습니다. 그 때 마리아의 나이가 얼마였는지, 그 부모는 어떤 사람들이었는지, 어떤 상황에서 천사를 만났는지 정확히 알 수는 없습니다. 단지 성경은 그녀가 전혀 남자와 성 관계를 가진 적이 없는 처녀라고 밝히고 있을 뿐

사가랴에게 고함-본니파지오 베로네세

입니다. 그래서 우리는 그녀를 동정녀童貞女 마리아라고 부릅니다. 바로 그녀가 메시아를 잉태하여 낳게 될 메시아의 어머니로 선택되었습니다. 그 택함받은 기준은 알 수 없습니다. 아마 그 기준은 순전히 하나님의 은혜의 산물이었다고 해야 할 것입니다. 그러나 은혜로 선택함을 받은 마리아지만 그녀는 또한 그런 은혜를 받아들일 준비가 되어 있었습니다. 하나님께서는 아무에게나 은혜를 베푸시지 않고 은혜 받을 만한 사람에게 은혜를 베푸시기 때문입니다. 마리아에게 나타난 가브리엘은 인사했습니다.

> "은혜를 받은 자여, 평안할 지어다. 주께서 너와 함께 하시
> 도다"눅1:28.

'하나님께서 함께하시니까 너는 그의 은혜를 받은 사람'이라는 것이었습니다. 그녀는 메시아로 오시는 그분의 어머니로 선택되었으니 이런 인사를 듣기에 합당한 사람이었습니다.

갑작스러운 천사의 출현과 이와 같이 놀라운 인사말에 마리아는 놀라서 두려움에 떨 수밖에 없었습니다. 아마 이전에 마리아는 이런 환상을 보는 체험을 한 적이 없었을 것입니다. 그래서 더

욱 놀랄 수밖에 없었겠죠. 이런 당황스러워 하는 모습을 보고 천사는 곧바로 말을 잇습니다.

> "마리아여 무서워하지 말라. 네가 하나님께 은혜를 입었느니라" 눅1:30.

두려워서 떨 일이 아니라 도리어 하나님의 은혜를 받아들이라는 말이었습니다. 그리고 그 은혜를 입은 증거로 주어지는 약속은 더욱 놀라웠습니다.

> "보라. 네가 잉태하여 아들을 낳으리니 그 이름을 예수라 하라" 눅1:31.

지극히 높으신 이의 아들

처녀로서는 그 말은 더없이 당황스러웠을 내용입니다. 그런데 천사 가브리엘은 틈을 주지 않고 이어서 그녀가 낳을 아들에 관한 예언의 말씀을 들려주었습니다.

"그가 큰 자가 되고 지극히 높으신 이의 아들이라 일컬어질 것이요, 주 하나님께서 그 조상 다윗의 왕위를 그에게 주시리니 영원히 야곱의 집을 왕으로 다스리실 것이며 그 나라가 무궁하리라"눅1:32-33.

구약에서 예언한 그 메시아가 이제 마리아의 몸을 빌려 잉태되고 태어나게 된다는 말이었습니다. 처녀인 마리아로서는 이해할 수 없는 말들이었습니다. 그래서 마리아는 그 소식을 전하는 천사에게 물었습니다.

"나는 남자를 알지 못하니 어찌 이 일이 있으리이까?"눅1:34.

여기서 '안다'는 말은 '남녀가 성적인 관계를 맺는 것을 의미합니다. 따라서 이 말은 그녀의 순결함을 고백하는 말입니다.

※ ※ ※

자연 이치에 따르든지 과학적으로 설명하려면 있을 수 없는 일이기 때문이죠. 그러나 천사가 계속 이어 말을 전합니다.

"성령이 네게 임하시고 지극히 높으신 이의 능력이 너를 덮으시리니 이러므로 나실 바 거룩한 이는 하나님의 아들이라 일컬어지리라"눅1:35.

사람으로서는 이해할 수 없는 신비한 일이 일어난다는 말이었습니다. 하나님의 능력이 역사役事하여 그녀가 아들을 잉태하게 된다는 것이었습니다. 동정녀 탄생의 신비가 여기에 있습니다. 아마 천사의 그 말이 떨어지는 순간에 마리아의 태에는 예수께서 잉태되었을 것입니다. 그리고 마리아의 몸에서 태어날 그는 현실적인 이스라엘을 다스리는 왕이 아니라 영적인 하나님의 나라를 통치하실 만왕의 왕이 되실 분이었습니다.

※ ※ ※

그래도 의아해 하는 마리아에게 확신을 주기 위해서 한 가지 소식을 전합니다. 마리아의 친족그 관계를 정확히 알지는 못합니다인 엘리사벳은 본래 아이를 갖지 못하는 여인으로 알려져 왔던 사람이었지만 늙어서 아기를 임신한지 6개월이 되었다는 소식입니다. 천사는 그것을 알려주면서 하나님께서 해주시는 약속은 어떤 약속이라도 분명히 성취된다고 한 것입니다. 그 말을 들은 마리아는 겸

수태고지-레오나르도 다 빈치

손한 태도로 하나님의 약속을 겸허히 받아들여 순종하겠다고 고백했습니다. 앞으로 겪게 될 일들에 대해 두려움과 감당하기 힘들 것 같은 마음이 없지 않았지만 조용히 하나님의 뜻에 순종하려는 결연한 다짐과 고백으로 이해해야 할 것입니다. 이 모습은 신앙인들이 가야할 길을 보여주는 훌륭한 모범입니다. 젊은 처녀에게서 만인이 배우고 따라야 할 태도라고 할 수 있습니다. 이런 응답을 확인한 천사 가브리엘은 하나님께서 맡기신 일을 원만히 잘 수행하고 하늘나라로 올라갔습니다.

요셉의 꿈

또 하나의 고지 사건이 있습니다. 이 사건은 마리아의 남편이 될 요셉을 통해서 이루어졌습니다. 요셉은 다윗 왕의 혈통을 이어받은 건실한 청년이었습니다. 그도 갈릴리 지방에 속한 나사렛 사람이었습니다. 그의 직업은 목수로 알려져 있습니다. 그는 같은 마을에서 자란 순결한 처녀 마리아와 약혼하고 꿈에 부풀어 결혼할 날을 기다리는 중이었습니다. 당시의 약혼은 결혼과 거의 같은 구속력을 가졌었습니다. 그러므로 마태복음은 아직 결혼하기 전인 그를 마리아의 남편이라고 소개합니다마1:19*. 그러나 정식으로 결혼하기까지는 동거하면서 성관계를 가질 수는 없었습니다. 그런데 문제가 발생했습니다. 약혼녀 마리아의 배가 불러오는 것이었습니다. 아마 그는 약혼녀에게 관심을 집중하고 있었기 때문에 다른 사람들보다 먼저 눈치를 챘을 것입니다. 물론 그 때가 언제쯤인지를 알 수는 없습니다.

약혼자로서는 황당할 뿐 아니라 분노가 치솟는 일입니다. 모세의 율법대로 한다면 이를 밝히고 공개적으로 돌로 쳐서 죽일 수도 있는 일이었습니다신22:20-24. 그러나 요셉은 '의로운 사람'이었

---

* 그의 남편 요셉은 의로운 사람이라 그를 드러내지 아니하고 가만히 끊고자 하여

습니다. 정의로우면서도 다른 사람에 대한 사랑도 많은 사람이었다는 뜻입니다. 그래서 그는 약혼녀를 아끼는 마음으로 공개적으로 정죄하는 길은 피하되 조용히 파혼함으로써 그의 정의로운 마음을 표현하려 했습니다. 당시로서는 약혼도 결혼과 거의 같은 구속력이 있었으므로 파혼하려면 정식으로 증인들 앞에서 이혼증서를 주고 파혼을 선언해야 했습니다신24:1-4.

또한 그는 사려 깊은 사람이었습니다. 일을 감정에 치우쳐 경솔하게 처리하지 않고 그 문제를 두고 곰곰이 생각했던 것입니다. 아마 그는 하나님 앞에서 진중鎭重히 기도를 했을 것입니다.

이름을 예수라 하라

그런 요셉에게 하나님께서 또 그의 사자로 일하는 한 천사를 보내셨습니다. 아마 천사 가브리엘이었을 것입니다. 그러나 이번에는 직접 그에게 나타나지 않고 그의 꿈에 나타났습니다. 그리고는 태어날 아기에 대해 일러주었습니다. 꿈은 하나님께서 자기 뜻을 계시로 알려주시는 하나의 통로였습니다. 구약에서도 야곱이나 요셉은 꿈을 통해 하나님의 약속을 보장받고 하나님의 뜻을 깨달을 수 있었습니다창28:15; 41:1-31*. 하나님의 사자천사는 꿈에 요셉에게 나타나서 말했습니다.

> "다윗의 자손 요셉아, 네 아내 마리아 데려오기를 무서워
> 하지 말라. 그에게 잉태된 자는 성령으로 된 것이라 아들을
> 낳으리니 이름을 예수라 하라. 이는 그가 자기 백성을 그들
> 의 죄에서 구원할 자이심이라"마1:20-21.

그의 약혼녀 마리아가 부정을 저질러서가 아니라 하나님의 권능을 힘입어 잉태된 것이니 염려하지 말고 결혼 절차를 진행하라는 말이었습니다. 그리고 태어날 그 아들의 이름을 예수라 하라고 했습니다. 그 이름은 히브리어로 '여호수아'라는 이름에서 변형된 것입니다. '여호와는 구원이시다'는 의미를 가진 이름입니다. 그가 이루실 구원 사역, 곧 인류를 죄에서 구원해내실 것을 예고하는 이름인 것입니다. 자기 백성이란, 물론 요셉이나 마태는 유대인을 염두에 두었을 수 있지만 영적으로 모든 하나님을 믿

---

* 만 이 년 후에 바로가 꿈을 꾼즉 자기가 나일 강 가에 서 있는데 보니 아름답고 살진 일곱 암소가 강 가에서 올라와 갈밭에서 뜯어먹고[중략]

는 백성들을 의미한다고 보아야 합니다. 자기 약혼녀의 복중에 있는 아기가 기다리던 메시아라는 소식을 요셉은 꿈을 통해 전해 들은 것입니다. 유대인이라면 누구나 하나님께서 꿈을 통해서도 자기 뜻을 계시하신다고 믿고 있었으므로 요셉도 그 사실을 받아들이는 데 큰 어려움이 없었습니다.

※ ※ ※

하나님의 이런 메시아 탄생 고지를 들은 요셉이 보인 응답도 중요합니다. 마리아가 그 소식을 들었을 때 보인 모습이 철저한 겸손이었다면 요셉이 보인 태도는 철저한 순종이었습니다. 그는 꿈에 하나님의 사자가 일러준 말씀에 조금도 지체하지 않고 그대로 순종했습니다. 우선 마리아를 의심하지 않고 그대로 결혼 절차를 밟아 확실한 부부가 되었습니다. 그러나 아기를 낳을 때까지 동침하지 않는 조심성까지 보였습니다. 메시아의 거룩함을 지키려는 배려였다고 할 수 있습니다. 아기의 이름을 짓는 것은 아버지의 몫이었습니다. 요셉은 천사의 지시대로 예수라고 지었습니다. 어느 하나 하나님의 명을 따르지 않은 것이 없었습니다. 이처럼 하나님께서는 범죄한 인간을 구원하시기 위해 메시아가 동정녀의 몸을 빌려 태어나게 하실 것을 구체적으로 알려주셨습니다. 그 고지告知하신 대로 예수께서 탄생하신 것이 성탄절 이야기의 중심을 이룹니다.

첫 번째 성탄절

언제? 어디서? 어떻게?

성탄절크리스마스은 예수 그리스도의 탄생을 기념하여 축하하는 날입니다. 원래 크리스마스라는 말은 그리스도의 미사Christ's mass라는 말에서 유래되었습니다. 그리스도를 기리는 예배의식이라는 말이지만 그리스도의 탄생을 기리는 날을 가리키게 된 것이죠. 그러나 교회 역사에서 언제부터 성탄절을 지켰는지는 정확히 알 수 없습니다.

그리고 우리는 정말 예수님의 생일이 언제인지를 알 수 없습니다. 성경은 베들레헴이라는 마을 어느 마굿간에서 태어나 구

베들레헴에서의 호구조사-피테르 브뢰헬

유에 뉘어졌다는 것까지만 언급하고 있으며, 또 그 연도까지도 밝히고 있으나 그 달과 날은 전혀 언급하고 있지 않기 때문입니다. 그 연도는 예수님 탄생하실 때 재위했던 로마 아우구스투스 Augustus 황제의 재임 시기로 거슬러 올라가야 확인이 가능합니다. 당시 아우구스투스 황제는 로마제국 전체의 호적을 시행하라는 명을 내렸습니다. 누가복음은 이것을 시리아의 총독으로 있었던 구레뇨Quirinius가 첫 번째 호적할 때라고 기록하고 있습니다눅2:1-2*.

---

* 이 호적은 구레뇨가 수리아 총독이 되었을 때에 처음 한 것이라 모든 사람이 호적하러 각각 고향으로 돌아가매

그때는 유대 지방을 통치하던 헤롯이 죽기 전이었습니다. 그가 BC 4년에 죽었으니까 그보다 더 늦을 수는 없습니다. 그래서 확실하게 단정하는 데는 약간의 문제가 있는 것도 사실입니다. 하지만 그 연도를 BC 4년으로 보는 것이 가장 일반적입니다.

언제?

연대는 그러하지만, 예수님이 태어나신 날이 언제인지에 대한 언급은 성경에서 찾기 어렵습니다. 유일한 정보가 세례 요한보다 6개월 정도 뒤라는 정도니까요. 그것도 천사 가브리엘이 세례 요한의 아버지 사가랴에게 아들을 낳으리라고 예고한 뒤 여섯째 달에 예수님의 어머니 마리아에게 찾아가서 메시아의 수태를 고지受胎告知했다는 정도입니다눅1:26*. 사가랴는 아비야 반열에 속한 제사장이었습니다. 그것은 다윗 왕 시대에 제사장의 무리를 24반열班列로 나누어 1년에 두 번씩 예루살렘 성전에서 1주간씩 봉사하도록 한 제도에 따른 것입니다. 아비야 반열은 그 중 여

---

* 여섯째 달에 천사 가브리엘이 하나님의 보내심을 받아 갈릴리 나사렛이란 동네에 가서

덟 번째 반열이었습니다대상24:7-19*. 그 반열의 차례가 되면 성소에 들어가서 봉사할 제사장은 제비뽑기를 통해 결정했습니다. 예수님 당시의 제사장 수가 2만 명에 이르렀다고 하니 그것이 공평한 방법이었습니다. 그 2만 명 가운데 그 반열의 차례에 이른 제사장은 이른 새벽에 제단을 청소하고 불을 준비하는 제사장, 제물을 준비하고 촛대와 향단을 청소하는 제사장, 향단에 향을 피우는 제사장과 제단에 제물을 바치는 제사장을 결정하기 위해 각기 제비를 뽑았습니다. 이렇게 이해하면 사가랴가 봉사한 주간은 그 해의 여덟째 주간이나 32번째 주간이라는 얘기가 됩니다. 그런데 문제가 있습니다. 바벨론 포로기 이후에 포로생활에서 돌아온 제사장들은 그 수효가 제한적이어서 에스라 시대에 그 반열을 재편했기 때문입니다. 다윗 시대의 그것과는 달랐으리라고 보아야 한다는 것입니다. 그렇다면 다시 원점. 전혀 그 날을 결정할 수 없게 됩니다.

---

* 첫째로 제비 뽑힌 자는 여호야립이요 둘째는 여다야요 셋째는 하림이요 넷째는 스오림이요 다섯째는 말기야요 여섯째는 미야민이요 일곱째는 학고스요 여덟째는 아비야요 아홉째는 예수아요 열째는 스가냐요 열한째는 엘리아십이요 열두째는 야김이요 열셋째는 훕바요 열넷째는 예세브압이요 열다섯째는 빌가요 열여섯째는 임멜이요 열일곱째는 헤실이요 열여덟째는 합비세스요 열아홉째는 브다히야요 스무째는 여헤스겔이요 스물한째는 야긴이요 스물두째는 가물이요 스물셋째는 들라야요 스물넷째는 마아시야라

✳︎ ✳︎ ✳︎

때에 관한 또 하나의 정보가 있다면 그것은 "그 지역에 목자들이 밤에 밖에서 자기 양떼를 지키더니"눅2:8라는 말씀입니다. 북반구에 속한 유대 지역의 목자들이 마을을 떠나 야외에서 목축하는 시기는 대체로 3월에서 11월까지였습니다. 그러니 지금 우리가 지키는 12월 25일과는 거리가 있는 것이죠. 물론 일부 학자들은 마을 가까운 곳에서는 겨울에도 양떼를 밖에서 노숙시키는 경우가 많았다고도 말합니다. 그러나 최근 컴퓨터의 발달에 힘입어 우리가 얻을 수 있는 모든 정보, 즉 위에서 언급된 모든 정보를 입력하여 얻어낸 답도 12월 25일은 아닙니다. 그 해는 BC 6년이었고, 그 날은 5월 14일양력이었다는 주장이 나온 것입니다. 이 주장대로라면 목자들이 밤에 들에서 양을 지켰다는 것도 아주 쉽게 해결됩니다.

12월 25일의 정체

그러므로 교회가 12월 25일을 성탄절로 지키는 전통은 예수님의 실제 생일과는 무관하게 이루어졌다고 보아야 합니다. 그 중에서 가장 설득력 있는 주장은 동짓날을 그리스도의 탄생일로 정했다는 설입니다.

로마 황제 율리우스가 제정한 율리우스력지금의 양력의 모체라고 할 수 있는에는 춘분이 3월 25일로 고정되어 있고, 역으로 동지冬至는 12월 25일에 고정되어 있었습니다. AD 274년 아우렐리우스 황제는 태양신을 최고의 신으로 공표하고 그 축제를 동짓날에 열게 했습니다. 태양이 가장 위축되었다가 다시 살아나는 날이 동지였기 때문이죠. 그리고 AD 312년에 기독교로 개종한 콘스탄틴 대제가 지고신至高神 하나님과 로마가 전통적으로 섬기던 태양신은 질적으로 통하는 면이 있다는 것을 알고 이방신 축일을 기독교의 축일로 받아들이는데 영향을 미쳤으리라는 것입니다.

교회역사에서 교회가 언제부터 크리스마스를 지켜왔는지도 정확히 알 수 없습니다. 대체로 4세기 후반에 와서 교회들이 그리스도가 오신 날을 축일로 지킨 것으로 알려져 있습니다. 동방교회는 원래 1월 6일을 성탄일로 지켰지만 역시 4세기 말에 와서는 서방교회처럼 12월 25일을 성탄일로 받아들였다고 합니다. 1월 6일은 주현절主顯節: Epiphany로 3세기경부터 동방교회에서 예수님의 세례 받으신 날로 축제를 해오다가 성탄절 축제로 지키기도 했던 것입니다. 주현절 전통은 4세기에 서방교회에 소개되었습니다. 그러나 세례 기념일이나 성탄절보다는 12월 25일에 시작되는 성탄 절기를 12일 동안 지켰는데 1월 6일은 성탄절기의 마지막 날로 지켜졌습니다.

이런 여러 가지를 종합해 보면 예수님은 BC 4-6년경에 태어나셨고 그 날짜는 정확히 알 수 없지만 교회가 그 날을 12월 25일로 받아들여 지금까지 지키고 있다고 할 수 있습니다. 그러니 구태여 그 날을 정확히 밝혀서 성탄절을 변경해야 할 필요는 전혀 없습니다. 성탄절은 교회 전통의 산물이기 때문이죠.

예수께서 태어나신 곳은 베들레헴이라고 성경은 분명히 밝히고 있습니다. 베들레헴이라는 이름은 '떡집'이라는 의미로 예루살렘에서 남쪽으로 8킬로미터 정도 떨어져 있는 비교적 비옥한 넓은 들을 끼고 있는 마을이었습니다. 창세기에서는 '에브랏'으로 불리기도 했고 야곱이 그의 아내 라헬을 장사한 곳으로 알려져 있는 곳입니다*창35:19. 그러나 성경에서 그 마을이 중요하게 떠오르게 된 것은 룻기의 주 무대가 되면서부터였다고 할 수 있습니다. 그곳은 룻의 시부모님인 엘리멜렉과 나오미의 출신지로룻1:1-2** 나

---

* 라헬이 죽으매 에브랏 곧 베들레헴 길에 장사되었고

** 사사들이 치리하던 때에 그 땅에 흉년이 드니라 유다 베들레헴에 한 사람이 그의 아

중에 나오미와 룻이 모압 땅에서 돌아와 정착한 곳입니다. 룻은 거기에서 남편의 친족 보아스를 만나 결혼하게 되고 결국 다윗 왕의 증조모가 되었습니다룻4: 13-22*. 그러니 자연스레 그곳이 다윗의 고향 마을이 되었고 후대에는 그 마을을 다윗의 동네라고 부르기도 했습니다눅2:4**.

문제의 마굿간

예수님의 육신의 부모인 요셉과 마리아는 갈릴리의 나사렛이

내와 두 아들을 데리고 모압 지방에 가서 거류하였는데 그 사람의 이름은 엘리멜렉이요 그의 아내의 이름은 나오미요 그의 두 아들의 이름은 말론과 기룐이니 유다 베들레헴 에브랏 사람들이더라 그들이 모압 지방에 들어가서 거기 살더니

* 이에 보아스가 룻을 맞이하여 아내로 삼고 그에게 들어갔더니 여호와께서 그에게 임신하게 하시므로 그가 아들을 낳은지라 여인들이 나오미에게 이르되 찬송할지로다 여호와께서 오늘 네게 기업 무를 자가 없게 하지 아니하셨도다 이 아이의 이름이 이스라엘 중에 유명하게 되기를 원하노라 이는 네 생명의 회복자이며 네 노년의 봉양자라 곧 너를 사랑하며 일곱 아들보다 귀한 네 며느리가 낳은 자로다 하니라 나오미가 아기를 받아 품에 품고 그의 양육자가 되니 그의 이웃 여인들이 그에게 이름을 지어 주되 나오미에게 아들이 태어났다 하여 그의 이름을 오벳이라 하였는데 그는 다윗의 아버지인 이새의 아버지였더라 베레스의 계보는 이러하니라 베레스는 헤스론을 낳고 헤스론은 람을 낳았고 람은 암미나답을 낳았고 암미나답은 나손을 낳았고 나손은 살몬을 낳았고 살몬은 보아스를 낳았고 보아스는 오벳을 낳았고 오벳은 이새를 낳고 이새는 다윗을 낳았더라

** 요셉도 다윗의 집 족속이므로 갈릴리 나사렛 동네에서 유대를 향하여 베들레헴이라 하는 다윗의 동네로

라는 마을에 사는 사람이었습니다. 나사렛은 갈릴리 바다의 남단에서 서쪽 방향의, 지중해와 중간 즘에 있는 성읍입니다. 나사렛에서 베들레헴까지는 상당히 멀어서약 130킬로미터 나귀를 이용해도 며칠이 걸려 여행해야 하는 거리였습니다. 그런데 왜 그들은 만삭의 몸을 이끌고 그 먼 길을 여행했을까요? 그것은 앞에서도 이야기한 것처럼 로마 황제가 전체 로마 제국의 영토 내에 사는 모든 사람들의 호적을 하라고 명령했기 때문입니다. 그 조사는 일종의 인구조사로 세금을 징수하는 자료로 삼으려는 것이었습니다. 당시 호적은 조상들이 살던 본적지로 가서 하게 돼 있었습니다. 일종의 족보 정리와 비슷한 것이었다고 할 수 있죠. 유대 땅은 당시에 로마의 통치 하에 속해 있었기 때문에 다윗의 후손이었던 요셉과 마리아는 조상 다윗의 고향 마을인 베들레헴으로 가야 했습니다. 불편한 몸이었지만 힘든 여행을 할 수밖에 없었던 겁니다.

※※※

문제는 베들레헴이라는 그리 크지 않은 마을에 한꺼번에 많은 사람들이 호적 때문에 모여들었다는 겁니다. 2000년 전 그런 마을에 숙박 시설이 제대로 갖추어져 있었을 리도 만무합니다. 아

성탄-콘라트 폰 조스트

마 사람들이 보잘것 없는 여관까지도 이미 차지한 뒤였고, 다른 사람들은 요즈음의 민박 형식으로 숙소를 구했을 겁니다.

그런데 요셉 일행은 아마 늦은 시각에 베들레헴에 도착했던 것 같습니다. 그들에게 따뜻한 방을 내줄 수 있는 집은 한 집도 없었습니다. 할 수 없이 요셉은 여관 집 주인에게 사정을 이야기하고 바람이라도 피할 수 있는 자리를 내달라고 사정을 했습니다. 결국 주인은 가축들을 키우던 마굿간이라도 좋다면 거기서는 묵을 수 있다고 했습니다. 지금은 가축은 없고 청소도 되어 있다고 했습니다. 요셉은 기가 막혔지만 옆에 섰던 마리아는 미소를 지으면서 '거기면 어떠냐?'는 표정을 지었습니다. 그래서 그들은 더 이상 숙소를 찾아 헤매지 않고 그 마굿간을 하루 잠자리로 결정했습니다. 그곳은 작지만 깨끗했습니다. 등불을 밝히고 겉옷을 펴서 잠자리로 만들었습니다. 그리고 그 밤 또는 호적하는 일을 마친 그날 밤에 거기에서 아기 예수가 태어나셨습니다.

첫 방문 손님들

목자들

 밤이 깊어가면서 마리아의 산통이 시작되었습니다. 요셉과 마리아, 그들은 몹시 당황했을 것입니다. 그들로서는 처음 겪는 일을 객지의 초라한 마굿간에서 치르게 되었으니까요. 아마 주인집 아주머니의 도움을 청했을 것입니다. 하여간 마리아는 순산을 했습니다. 남자 아기였습니다. 요셉은 서둘러 비어있는 구유에 마른 풀건초을 깔아 아기의 첫 침대를 만들었습니다. 그리고 주인 아주머니가 구해준 깨끗한 보자기로 아기를 감싸서 뉘었습니다. 침침한 호롱불 밑에서 아기의 얼굴과 손에서 신비한 빛이 빛나고 있었습니다.

두려워 말라

성경은 그렇게 태어나신 구주 예수를 맨 먼저 찾아와서 경배한 사람은 목자들이었다고 전합니다눅2:8-20. 그 목자들은 그 밤에도 베들레헴 성 밖 멀리 떨어져 있는 들에서 양들을 지키던 사람들이었습니다. 그들은 가난했고 사회적으로 비천한 신분에 속했지만 아마 하나님을 진심으로 사랑하고 누구보다도 근면한 사람들이었을 것입니다. 그들은 밤이 깊었지만 잠을 청하지도 않고 양들을 지키며 맑은 하늘 총총한 별들을 보고 있었습니다. 그 때 갑자기 눈부신 빛이 어둠의 장막을 깨뜨리고 비치었습니다. 그리고 하나님께서 보내신 천사가 그들에게 나타났습니다. 그 빛은 하나님께서 거기에 임재하심을 나타내는 표징이었습니다. 성경은 그 장면을 '주의 영광이 그들을 두루 비추었다'눅2:9고 묘사합니다. 그들은 모두 무서움에 사로잡혀 떨었습니다. 그래서 그 천사가 한 첫마디 말도 '무서워하지 말라'는 말이었습니다. 하나님과 그의 천사를 만난 사람은 누구나 두려움에 사로잡힐 수밖에 없습니다. 상상을 초월하는 놀라운 일에 직면하기 때문입니다. 이런

목동들의 경배-니콜라스 푸생

사람들의 반응에 대해 하나님께서 보여주시는 응답도 한결같이
'두려워하지 말라Don't be afraid'입니다. 아브라함이 그랬고창15:1*, 모
세가 그랬으며출3:6**, 여호수아가 그랬습니다수1:9***. 신약에서는 사
가랴에게 그랬고눅1:13****, 마리아에게 그러했으며눅1:30, 바울에게도
그랬습니다행27:23-24*****. 거룩하신 하나님을 만나는 사람들에게 주시
는 하나님의 위로와 격려의 말씀인 것입니다.

※※※

그 천사는 이름이 밝혀져 있지 않지만 하나님의 좋은 소식을
전해준 천사니까 아마도 천사 가브리엘이었을 수도 있습니다. 하
나님께서는 구약에서 선지자들을 통해서 메시아를 보내실 것을
여러 번 약속해주셨고, 마리아에게 천사 가브리엘을 보내 예고해

---

* 여호와의 말씀이 환상 중에 아브람에게 임하여 이르시되 아브람아 두려워하지 말라 나는 네 방패요 너의 지극히 큰 상급이니라

** 나는 네 조상의 하나님이니 아브라함의 하나님, 이삭의 하나님, 야곱의 하나님이니라 모세가 하나님 뵈옵기를 두려워하여 얼굴을 가리매

*** 강하고 담대하라 두려워하지 말며 놀라지 말라 네가 어디로 가든지 네 하나님 여호와가 너와 함께 하느니라

**** 천사가 그에게 이르되 사가랴여 무서워하지 말라 너의 간구함이 들린지라 네 아내 엘리사벳이 네게 아들을 낳아 주리니 그 이름을 요한이라 하라

***** 바울아 두려워하지 말라 네가 가이사 앞에 서야 하겠고 또 하나님께서 너와 함께 항해하는 자를 다 네게 주셨다

주셨으며, 요셉에게는 꿈을 통해 말씀해주셨습니다. 이제 그가 나신 소식을 그 많은 사람들 가운데 맨 먼저 교만하려고 해도 교만할 수 없는 보잘 것 없는 목자들에게 전해주셨습니다. 하나님의 은혜를 입는 것은 남녀노소나 빈부귀천을 막론하고 하나님 보시기에 겸손하고 진실한 사람들이라는 것을 일깨워주는 이야기입니다. 예수께서는 교만하고 윗자리에 앉아 자기 자랑에 빠져있는 사람들에게 오신 것이 아니라, 인간 사회에서 버림받고 사회적으로 끝자리에 속한 사람들을 먼저 찾아오셨음을 보여주는 이야기이기도 합니다. 주님을 맞이하는 데는 무슨 특별한 자격 요건을 필요로 하지 않습니다. 우리 주님은 우리를 우리의 모습 그대로 받아들여 주시는 분이십니다.

다윗 동네에 오신 선한 목자

그런데 성경에서는 목자를 그런 비천한 존재로 다루지 않는다는 것도 눈여겨 볼 만한 일입니다. 구약에서 하나님은 자기 양을 돌보시는 목자로 표현되고시23:1; 사40:11; 렘23:1-4; 겔34:23, 신약에서는 예수님을 선한 목자로 표현합니다요10:11*. 또 예수님을 흔히 다윗의

---

* 나는 선한 목자라 선한 목자는 양들을 위하여 목숨을 버리거니와

자손이라고 불렀는데, 다윗 역시 구약에서 볼 수 있는 대표적인 목자였습니다. 그리고 그는 양을 치는 목자로부터 이스라엘 민족을 돌보는 목자로 부름받아 왕이 되었던 인물입니다삼하 7:8*. 물론 아브라함과 이삭과 야곱도 모두 유목민이었으므로 목자들이었습니다. 그러므로 다윗의 후손으로 만 백성을 위한 선한 목자가 되시려고 다윗의 동네에 오신 메시아를 천시받았던 목자들이 누구보다 먼저 찾아가서 경배했다는 것은 매우 의미 있는 일이라 할 수 있습니다.

그 천사는 그들에게 이어서 이야기했습니다.

> "보라 내가 온 백성에게 미칠 큰 기쁨의 좋은 소식을 너희에게 전하노라. 오늘 다윗의 동네에 너희를 위하여 구주가 나셨으니 곧 그리스도 주시니라. 너희가 가서 강보에 싸여 구유에 뉘어 있는 아기를 보리니 이것이 너희에게 표적이니라"눅2:10-12.

---

* 이제 내 종 다윗에게 이와 같이 말하라 만군의 여호와께서 이와 같이 말씀하시기를 내가 너를 목장 곧 양을 따르는 데에서 데려다가 내 백성 이스라엘의 주권자로 삼고

그가 전해주는 소식은 실로 만백성들이 기뻐하고 또 기뻐해야 할 소식, 곧 이 땅에 구세주그리스도가 오셨다는 소식이었습니다. 천군만마千軍萬馬를 거느리고 개선장군의 모습으로 오신 것이 아니라 어린 아기의 모습으로 오셨다는 것입니다. 메시아가 태어나신 그 순간에 이미 그 놀라운 소식은 천사를 통해 선포되었습니다. 그 소식은 큰 기쁨을 가져다주는 소식이었으며, 유대인들이 오랫동안 기다려 온 소식이었고, 만민을 죄의 굴레로부터 구속해 주신다는 소식이었습니다.

아기의 신분

태어난 그 아기는 '구주the Savior'라고 했습니다. 구주라는 말은 구원자the deliverer를 의미하는 말로 구약에서는 하나님을 가리켜 사용해왔고삼하22:2-3* 또 자기 민족을 적의 압제로부터 구원해내는 사람삿3:9, 15; 왕하13:5; 사19:20**을 가리켜 사용했습니다. 희랍 로마 사회에

---

* 여호와는 나의 반석이시요 나의 요새시요 나를 위하여 나를 건지시는 자시요 내가 피할 나의 반석의 하나님이시요 나의 방패시요 나의 구원의 뿔이시요 나의 높은 망대시요 그에게 피할 나의 피난처시요 나의 구원자시라 나를 폭력에서 구원하셨도다

** 이것이 애굽 땅에서 만군의 여호와를 위하여 징조와 증거가 되리니 이는 그들이 그 압박하는 자들로 말미암아 여호와께 부르짖겠고 여호와께서는 그들에게 한 구원자이자 보호자를 보내사 그들을 건지실 것임이라

예수 탄생-구스타브 도레

서는 시저와 같은 위대한 군사적 정치적 지도자를 지칭하기도 했습니다. 그러므로 이 말을 들은 유대인이라면 누구나 지금 태어난 그 아기는 자기 민족을 구원하여 줄 분이라고 이해했을 겁니다. 로마의 압제에 시달리는 그들에게 그것은 정말 기쁜 소식이었을 것입니다.

그는 또한 '그리스도 주Christ the Lord'라고도 합니다. 그리스도라는 말은 '기름부음을 받은 자'를 의미하며 히브리어 메시아와 같은 말입니다. 기름부음을 받은 사람이란 어떤 특별한 목적을 위해 따로 세움을 받는 사람을 의미합니다. 모세는 아론과 그의 아들들에게 기름을 부어 그들을 이스라엘의 첫 제사장으로 세웠고출 28:41*, 사무엘은 사울과 다윗에게 기름을 부어 왕으로 세웠습니다 삼상10:1**;16:3. 그래서 유대인들은 하나님께서 미래의 기름부음을 받는 사람으로 세우실 메시아를 기다려온 것입니다.

그는 또한 주이시며 단순히 주인 이상의 의미를 갖습니다. 즉 하나님을 가리키는 말로 이해해야 합니다. 구약에서 그렇게 사용

---

* 너는 그것들로 네 형 아론과 그와 함께 한 그의 아들들에게 입히고 그들에게 기름을 부어 위임하고 거룩하게 하여 그들이 제사장 직분을 내게 행하게 할지며

** 사무엘이 기름병을 가져다가 사울의 머리에 붓고 입맞추며 이르되 여호와께서 네게 기름을 부으사 그의 기업의 지도자로 삼지 아니하셨느냐

되어 왔기 때문입니다. 한마디로 말해서 태어나신 그 아기는 자기 백성을 구원해 주실 구원자요, 기다리던 메시아이시며 또한 하나님께서 사람의 모습으로 오신 분입니다.

천사들이 합창으로 길을 안내하고

그 소식을 전해준 천사는 목자들이 곧바로 그 아기를 찾아가리라는 것을 알고 있었습니다. 그래서 그들이 가서 보게 될 일들을 일러주었습니다. 그것이 그의 말이 참되다는 것을 보여주는 하나의 표적a sign이 된다고도 했습니다. 아기가 강보에 싸여 구유에 뉘어 있으리라는 것이 표적이라는 말이었습니다. 찾는 아기가 어느 아기인지 바로 알 수 있을 것이기 때문입니다. 혹시 그 밤에 태어난 다른 아기가 있어도 분명히 구별될 수 있도록 말이지요. 일반적으로 갓 태어난 아기라면 방안 따뜻한 곳에 눕혀져 있어야 합니다. 아마 이 세상에서 갓 태어나서 바로 구유에 눕혀졌던 사람은 예수님이 유일한 분일 것입니다. 천사는 목자들에게 어떤 집을 찾아가면 그 아기를 볼 수 있다는 말도 하지 않았습니다. 그러나 그들은 그 마을에서 가장 높은 사람의 집이나 가장 큰 부잣집을 찾지 않았습니다. 그런 집은 대문간에 들어가는 것도 쉽지 않았을 것입니다.

※ ※ ※

그런데 이번에는 갑자기, 정말 갑자기 수많은 하늘나라의 군대天軍와 천사들의 무리가 그 천사 곁에 나타나 하나님을 찬송하는 찬양대가 되었습니다. 그리고 실로 장엄한 합창이 들려왔습니다. 바로 그 유명한 이 찬양입니다.

> "지극히 높은 곳에서는 하나님께 영광이요 땅에서는 하나님
> 이 기뻐하신 사람들 중에 평화로다"눅2:14.

그 목자들은 하늘나라 찬양대의 찬양을 직접 듣는 영광을 누렸던 것입니다. 후일에 사도 요한은 환상 중에 이와 같은 모습을 여러 번 목격하는 경험을 하였습니다. 천사들이 하는 중요한 업무 중의 하나는 하나님을 찬양하는 것으로 알려져 있습니다. 하늘나라의 군대도 천사들로 이루어져 있을 것입니다. 하나님의 아들이 인간 세상에 들어오셨는데 하늘나라의 찬양대가 침묵하고 있을 수가 없었겠죠.

찬양의 내용은 크게 두 가지였습니다. 하나님께는 영광이요,

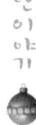

그 하나님께서 기뻐하신 사람들에게는 평화가 임한다는 것입니다. 하나님께 영광을 돌리는 것은 당연한 일입니다. 그러면 하나님이 기뻐하신 사람들에게 평화가 임한다는 말은 무엇을 의미할까요? 여기서의 평화는 전쟁이나 투쟁 상황이 끝나고 이루어지는 평화가 아니라 죄 범한 인간과 거룩하신 하나님 사이에 이루어질 평화를 말합니다. 그런 평화는 바로 죄 없으신 그리스도를 통해서만 이루어진다는 것을 보여주는 말씀인 것입니다.

마굿간에서의 만남

그 많은 천사들은, 나타날 때처럼 순식간에 하늘로 사라졌습니다. 이제 목자들은 그대로 있을 수가 없었습니다. 그들은 밤이 깊었지만 베들레헴으로 가서 천사들이 알려준 그 일이 어떻게 이루어졌는지를 알아보기로 했습니다. 그들은 서둘러 베들레헴으로 가서 불이 밝혀져 있는 마굿간을 쉽게 찾을 수 있었습니다. 강보에 싸여 구유에 뉘어진 아기와 그 어머니 마리아가 함께 있고 그 옆에 아버지 요셉이 서있는 것을 볼 수 있었습니다. 천사가 일러준 그대로였습니다. 그들은 그 부모와 거기에 있는 모든 사람들에게 천사가 전해준 이야기를 그대로 전해주었습니다. 아마 그 여관에 묵었던 모든 사람들이 밖에서 웅성거리는 소리에 모두 일어나서 모여들었을 겁니다. 그런 이야기를 들은 사람들은 놀랄 수밖에 없었고, 결국 메시아가 나셨다는 소식은 금방 사방으로 퍼져나갔을 것입니다.

※ ※ ※

다른 사람들이야 지나가는 신기한 소문 정도로 지나칠 수 있었겠지만 마리아는 천사의 고지를 받은 때로부터 놀라운 일들의 연속을 체험하면서 그 밤에 목자들이 전해준 이야기도 마음 깊이 간직했습니다. 그리고 목자들은 자기들이 듣고 본 일들을 가슴에 품고 하나님께 영광을 돌리면서 자기들의 일터로 돌아갔습니다.

※ ※ ※

메시아는 이렇게 이 땅으로 오셨습니다. 유대인들의 전통에 따라 8일만에 할례를 행하고 천사가 일러준 대로 아기의 이름은 예수가 되었습니다. 그리고 모세의 율법에 따라 정결예식을 치러야 하는 날태어난지 40일이 되어 요셉과 마리아는 아기 예수를 데리고 예루살렘 성전으로 올라갔습니다. 마리아는 정결예식을 치러야 했고, 아기 예수는 맏아들이었으므로 하나님께 보여드려야만 했기 때문입니다출13:2-16. 그들은 이때까지도 나사렛으로 돌아가지 않고 베들레헴에 그대로 머물렀을 것입니다. 물론 계속 마굿간에 머문 것이 아니라 방으로 옮겨 지냈을 겁니다. 아기가 너무 어렸으므로 장거리 여행은 무리라고 생각했을 테니까요.

동방박사들 이야기

성경에는 메시아 탄생에 관해 두 가지 이야기가 나옵니다. 앞에서 살펴본 것처럼 마굿간에서 탄생하셔서 구유에 뉘어진 아기 예수의 첫 방문객인 목자들 이야기와 동방박사들이 찾아와서 아기 예수께 경배한 이야기입니다. 이 두 가지 이야기는 어느 하나는 맞고 다른 하나는 틀린 이야기가 아니라 상호 보완적인 이야기입니다. 모두 옳은 이야기이지만 마태와 누가는 각기 다른 관점에서 예수님 이야기를 서술하려고 했기 때문에 자신이 기록하려는 시각과 부합되는 이야기를 택해 기록했습니다.

두 이야기는 서로 다르지만 똑같이 사실적인 이야기를 전해주고 있습니다. 그러므로 우리는 이 두 가지 이야기를 잘 조화시켜 이해해야 합니다.

여기에서는 신학적인 해석보다 실지로 일어났던 이야기에 대한 비교적 자세하고 역사적으로 정확한 이야기를 해보려고 합니다.

경배자들의 정체

태어난 아기는 베들레헴의 그 여관집에서 자라고 있었습니다. 요셉 부부는 아기의 할례를 행하고 이름을 지었으며 예루살렘 성전에 올라가 정결 예식과 하나님께 드리는 의식까지를 모두 마치고 다시 베들레헴으로 돌아왔습니다. 이제 아기를 데리고 여행을 떠나도 될 정도가 되었습니다. 아마 요셉과 마리아는 이제 고향으로 돌아갈 계획을 세우고 있었을 것입니다.

그런데 그 때 쯤 동방으로부터 유대인의 왕으로 태어나신 아기를 찾아 경배하려고 온 사람들이 있었습니다. 그들이 어떤 사람들이었는지 정확히 알 수는 없습니다. 신약성경은 그리스어로 쓰였는데 당시 아기 예수를 찾아온 사람들은 마기the Magi였다

동방박사들-레오폴로 쿠펠뷔써

고 전합니다. 이 말을 우리 한글 성경은 '박사들wise men'로 번역해 왔습니다. 그러나 어떤 사람들은 그 말을 '왕들kings'로 이해해야 한다고 해왔습니다. 그렇다고 전제 군주적 왕권을 휘두르던 왕들은 물론 아니었을 겁니다. '현자賢者, wise men'라는 의미로 이해하는 것이 바른 해석이라고 보아야 합니다. 그러나 학식이 많은 학자라는 의미는 아닙니다. 신비한 세계를 탐구하던 사람들로 보는 것이 가장 타당할 것입니다. 왜냐하면 그 말은 바로 영어 단어 magic마법, magician마술사의 어원이 되기 때문입니다. 그렇다고 동방으로부터 마술사들이 찾아왔다는 말은 아닙니다. 당시는 마술보다 손금을 보고 운명을 점친다든지 별자리를 보고 미래를 점치는 등의 미래 예측술이 유행하던 시대였습니다. 그 중에서 천문학astronomy과 뚜렷하게 구별하기 어려웠던 점성술占星術: astrology을 하는 사람들, 다시 말해서 별을 보고 미래를 예측하는 사람들이 가장 존중되던 시대였습니다. 그것은 일종의 과학으로, 그리고 어떤 의미에서 종교적 신념과 비슷한 것으로 받아들여졌습니다. 그래서 여기에 등장하는 동방박사들도 과학과 종교를 아울러 다루는 일종의 특권을 행사하는 사람들, 곧 당시의 작은 부족 국가들의 왕들과 동등한 사람들이었으리라고 보는 것이 가장 설득력 있는 설명일 것입니다.

※ ※ ※

그들이 몇 명이었는지에 대해서도 분명한 근거는 없습니다. 단지 그들이 드린 예물이 황금과 유향과 몰약 세 가지였으므로 세 사람*이었으리라고 추정할 뿐입니다. 그들이 어떻게 '유대인의

---

* 전설에는 그들의 이름이 Caspar, Melchior, Balthazar였다고 한다. 그러나 확인할 길 없는 이야기에 불과하다. 또 그들 이외에도 제 4의 인물이 있었다는 이야기도 있다. 메데 사람 Artaban이라는 인물이었다는 것이다. 그러나 그는 긴 여행을 견디지 못해 결국 아기 예수께 경배하지는 못했다는 이야기이다.

왕'으로 나신 분의 별 이야기를 했는지도 우리는 알 수 없습니다. 포로로 잡혀갔던 유대인들의 후손인지, 아니면 그런 사람들을 통해 구약성경의 예언들을 읽고민24:17* 메시아를 기다리던 사람들이었으리라고 추정해 볼 수는 있습니다.

예언의 성취

어쨌든 그들은 동방으로부터 새로운 왕이 나셨음을 알려주는 별을 보고 그 왕을 찾아 예루살렘으로 왔습니다. 그들이 구약의 예언을 읽고 서쪽 하늘의 별을 보고 예루살렘으로 온 것은 당연한 것이었습니다. 그 방향에 있는 왕도王都는 예루살렘뿐이었기 때문입니다. 그들은 끝까지 별의 안내를 받으려고 하지 않고 나름대로 그곳에 가면 되겠다고 판단하고 여행길을 재촉했으며 낮이 되어 그 별도 그들 앞에서 사라졌던 것입니다.

여기에서 생길 수 있는 의문이 하나 있습니다. 현대의 천문학으로 그 별이 어떤 별이었는지를 확인할 수 있느냐는 문제입니다. 물론 정답은 '없다'입니다. 그러나 천문학자들은 그것을 확인

---

* 내가 그를 보아도 이 때의 일이 아니며 내가 그를 바라보아도 가까운 일이 아니로다 한 별이 야곱에게서 나오며 한 규가 이스라엘에게서 일어나서 모압을 이쪽에서 저쪽까지 쳐서 무찌르고 또 셋의 자식들을 다 멸하리로다

해보려고 노력했습니다. 그것을 설명해보려는 몇 가지 시도들 중의 하나는 그 별은 실지로 나타났지만 그것은 구주 탄생을 알리기 위해서 하나님께서 보내신 기적의 표징이었다는 것입니다. 그러므로 천문학과 과학으로 설명할 수 있는 범위를 벗어나는 이야기며 믿음으로 그것을 받아들여야 한다는 것입니다. 그 별은 단 한 번 자기 사명을 다하고는 사라졌을 뿐이라고 할 수 있습니다. 따라서 그것을 확인하려고 애쓸 필요도 없습니다. 그 별에 관한 두 번째 설명은 그런 별은 실제 존재하지 않았다는 의견입니다. 단지 마태는 예수님의 일생을 구약성경의 예언의 성취라고 표현하려는 입장에서 민수기에 예언된 별 이야기를 그의 복음서에 포함시켜 기록했다는 것입니다.

> "한 별이 야곱에게서 나오며 한 규(圭)가 이스라엘에게서 일어나서 모압을 이쪽에서 저쪽까지 쳐서 무찌르고 또 셋의 자식들을 다 멸하리로다" 민24: 17.

이런 주장을 하는 사람들은 복음서의 내용이 역사적 사실과는 무관하게 기록되었다고 생각합니다. 물론 귀를 기울일 필요가 없는 주장입니다. 셋째 입장은 그 별은 실재했을 뿐만 아니라 자연적인 천체 현상으로 나타났었다는 주장입니다. 단지 마태가 당시의 시각으로 그 사건을 묘사했으므로 현대적인 시각에서는 이해하기 힘든 면이 있을 수 있다는 것입니다. 그러므로 그 별이 어떤 별이었는지를 계속 연구해보자는 입장입니다. 이런 설명을 하는 사람들은 그 별이 하나의 혜성a comet이었다거나 우리가 밤마다 볼 수 있는 금성이었다거나 하나의 신성新星이나 초신성supernova이었으리라고 설명합니다. 심지어 그것이 연대 상의 차이는 있지만 기록에 남아있는 핼리 혜성Halley's comet: BC 12년에 나타났던 혜성이었다는 주장까지 있습니다. 최근에는 왕의 별로 알려진 목성木星:Jupiter이 토성土星:Saturn과 나란히 움직이는 것을 천문 전문가들이 보고 구약 예언의 성취로 본 것이라는 설명도 합니다. 서로 공전 주기가 다른 별들목성 12년, 토성 30년이 나란히 가는 것도 자주 볼 수 없는 현상이고 그 별들과 지구가 일직선 상에 놓이는 일은 854년에 한 번 있을 수 있는 일인데 그런 일이 BC 7년에 있었다고 합니다. 바로 그런 현상을 천문학자들이 보고 예언된 그 왕이 태어났다고 판단했다는 것입니다. 물론 이런 현상은 보통 사람들이 볼 수 있는 현상은 아니었습니다. 그러나 여기에서 정확한 답을 추구할 필요는 없습니다. 단지 두 번째 설명은 신앙적인 입장에서는 받아들이기 힘든 설명이라는 것만 분명히 할 필요가 있겠습니다.

베들레헴에서 무슨 일이?

그들은 왕이 새롭게 태어난다면 왕궁이 가장 유력한 곳이라 생각하고 헤롯 왕궁을 찾아가 그들의 사연을 알렸습니다. 문제는 그 소식을 접한 헤롯왕이었습니다. 그는 역사에서 대 헤롯Herod the Great으로 알려진 사람으로 BC 40년부터 36년간BC 4년까지 유대 땅을 통치한 왕이었습니다. 그는 정치적 통찰력과 감각을 갖춘 인물로 로마 제국의 신임을 얻어 유대지방을 통치하는 왕이 되었습니다. 하지만 자기 권좌에 대한 집착이 너무 강했고 의심이 많았습니다. 그는 잔인하기도 하여 자기 자리를 탐낸다고 의심이 되는 사람은 가차 없이 처단했습니다. 심지어 그는 삼촌, 장모, 아내Mariamme, 그의 아들 가운데 셋을 죽였습니다.

그런 헤롯이 새로운 왕이 태어났다는 박사들의 말에 놀라는 것은 당연했습니다. 온 예루살렘 시민들 역시 대망하던 그 왕이 오신다는 소식에 소동한 것도 당연한 일이었습니다. 헤롯은 박사들에게 그 별이 나타난 때를 자세히 물었습니다. 아기가 태어난

시점을 알아보려는 것이었습니다. 그들의 여행은 수천 킬로미터에 달하는 상당히 먼 여행이었을 것입니다. 물론 그 사람들이 어디 출신인지 정확히 알 수는 없습니다. 성경은 단순히 동방東方에서 왔다고만 말하고 있기 때문입니다. 여러 가지 추측이 난무하지만 심지어 신라에서 간 천문학자들이었다는 설까지 대체로는 메소포타미아의 어느 지역 Parthia? 으로 이해합니다. 헤롯은 대제사장과 서기관들을 불러 왕이 난다면 어디서 나겠느냐고 물어보았습니다. 서기관들은 구약성경을 잘 알고 있었습니다. 그들은 즉각적으로 베들레헴이라고 대답했습니다. 미가 선지자가 예언한 말씀에 근거한 것이었습니다.

> "베들레헴 에브라다야, 너는 유다 족속 중에 작을지라도 이스라엘을 다스릴 자가 네게서 내게로 나올 것이라. 그 근본은 상고에, 영원에 있느니라" 미5:2.

그러나 성경에 대한 해박한 지식은 가지고 있었던 그들도 끝내 그 주님을 믿지는 못했습니다. 헤롯은 곧바로 박사들에게 그곳이 베들레헴이라고 일러주며 거기로 가서 그 아기를 찾아보고,

찾거든 자신에게도 알려달라고 했습니다. 마치 왕으로 나신 그 아기께 경배라도 할 태세였지만, 실지로는 자신의 자리를 위협하는 화근을 처음부터 잘라버리려는 속셈이었습니다. 그리고는 베들레헴으로 가는 길까지 친절하게 안내해주라고 명령까지 했습니다. 박사들은 일러준 대로 길을 잡아 나섰습니다. 그러자 곧 그 별이 나타나 앞서 인도하는 것이었습니다. 아마 날이 저물어 별이 나타날 때가 되었기 때문이었는지도 모릅니다. 밝은 낮에 별이 보이지 않을 때 그들은 당연히 예루살렘에서 태어나리라고 짐작하고 왔었던 것입니다.

경배

그들은 별이 다시 나타나자 기뻐하면서 쉽게 베들레헴으로 가서 아기 예수를 찾아 경배하고 그들이 가져온 귀한 보배 황금과 유향乳香, 몰약을 예물로 드렸습니다. 사람들은 이 황금과 유향과 몰약이 모두 의미 있는 예물이었다고 합니다. 우선 황금은 왕을 상징하는 보물로 왕으로 나신 아기 예수께 어울리는 예물이었습니다. 유향은 유향나무에서 얻은 우유 빛 수지樹脂로 구약에서는 제사소제에 쓰는 귀한 보물이었으므로 자기 몸을 만민을 위한 제물

동방박사들의 경배-외젠 들라크루아

로 드리려고 오신 아기 예수께 어울리는 예물이라 할 수 있습니다. 몰약은 역시 향료의 일종으로 그것을 얻을 수 있는 나무의 수액樹液으로 만들어 향료로 사용되기도 했고 방부제나 진통제로도 사용되었으므로 예수님의 수난과 죽으심을 상징적으로 보여주는 예물이었습니다.

밤이 깊어가므로 그들은 그곳에서 묵었습니다. 그 밤에 하나님께서는 꿈을 통해 그들에게 지시하셨습니다. 헤롯에게로 돌아가 아기 이야기를 하지 말라고 하신 것입니다. 그들은 하나님의 지시에 따라 예루살렘으로 가지 않고 다른 길을 통해 자기 고국으로 돌아가 버렸습니다.

다음 날 밤, 예수님의 아버지 요셉의 꿈에도 천사가 나타났습니다. 천사는 애굽으로 얼마동안 피신하라고 알려주었습니다. 물론 요셉도 새벽 일찍 서둘러서 마리아와 아기 예수를 데리고 애굽으로 갔습니다. 뒤늦게 박사들이 다른 길로 가버린 사실을 알게 된 헤롯은 크게 노하여 베들레헴 일대에 있는 두 살 아래의 남자 아이들을 모두 죽이라고 명했습니다. 헤롯은 넉넉잡아 계산하기는 했겠지만 어느 정도의 날들이 흘렀음을 보여주는 장면입니다.

그 때 얼마나 많은 아기들이 죽었을까도 궁금한 일 중의 하나입니다. 정확히는 알 수 없지만 일반적으로는 그리 많은 수는 아니었으리라고 추측합니다. 어떤 사람들은 그 수가 20명에도 미치지 못했으리라고 말합니다.

❋❋❋

이런 전설도 있습니다. 예수님과 그의 부모는 발길을 재촉했지만 또 날이 저물었습니다. 그리고 그 길은 황량한 광야 길이었습니다. 그들은 동굴을 하나 발견하고 그 안 깊숙이 들어가 밤을 지냈습니다. 그런데 아기를 찾아 죽이던 군인들은 혹시 모른다며 생각하고 애굽으로 가는 길까지 수색하러 아침 일찍 서둘러 나왔습니다. 그들은 길가에 있는 그 동굴도 보았습니다. 그러나 밤새 거미들이 그 입구를 거미줄로 막아놓았습니다. 그래서 군인들은 그 깊숙이에 아기가 있으리라는 생각을 하지 못하고 지나갔다는 이야기입니다.

❋❋❋

요셉 가족의 애굽에서의 생활에 대해서는 전혀 알려진 바가 없습니다. 그리고 그곳에서의 생활을 위해 동방박사들이 가져다 준 고가의 예물황금, 유향, 몰약이 유용하게 쓰였으리라고 상상하는 사람들도 있습니다. 하나님의 준비는 언제나 철저하십니다.

한편 헤롯은 그 뒤 얼마 못되어 죽었습니다. 하나님께서는 천사를 보내셔서 꿈을 통해 그 사실을 요셉에게 알려주셨습니다. 그 소식을 들은 요셉도 마리아와 아기 예수를 데리고 고향 나사렛으로 돌아갔습니다. 이렇게 해서 다른 하나의 예수님 탄생 이야기는 막을 내립니다.

 말씀이 육신이 되어

　　　　　　　신약성경의 네 복음서 가운데 하나인 마가복음에는 예수님 탄생에 관한 기록이 전혀 없습니다. 또 다른 복음서 요한복음은 전혀 다른 관점에서 메시아의 도래를 소개하고 있습니다. 바로 여기에서 우리는 크리스마스에 대한 진정한 의미를 찾을 수 있어야 합니다. 마태복음과 누가복음을 기록한 마태와 누가는 메시아가 어떻게 이 세상에 오셨는지를 잘 소개해주고 있습니다. 그러나 그가 왜 오셨는지, 그가 정말 누구인지에 관해서는 깊이있게 알려주고 있지 않습니다. 그러나 요한복음은 다릅니다. 하나님의 아들이 언제 어디에서 어떻게 오셨는지 구체적으로 알려주지는 않지만 그 문제를 근본적인 면에서 다루고 있습니다. 집필자인 요한은 자신이 쓴 복음서를 통해 하나님의 아들이 사람이 되어 우리들 가운데로 들어오셨다고 설명합니다.

성탄의 의미를 찾아보는 이유

그러므로 우리는 성탄절의 바른 의미도 여기에서 찾아야 합니다. 세상 사람들은 성탄절을 즐거이 축하하며celebrate 보냅니다. 성탄 또는 크리스마스라는 말을 들으면 사람들은 마굿간에서 태어나셔서 구유에 뉘어진 아기 예수, 찾아온 목자들과 동방박사들, 그들이 드린 귀한 예물들, 크리스마스캐럴이나 크리스마스 트리, 산타클로스 할아버지, 선물 주고받기 등이 떠오른다고 말합니다. 선물과 노래로 즐거운 것입니다. 부모들은 아이들의 성화와 부담으로 피곤하기까지 합니다. 그러나 여기에서 우리는 정말 성탄절에 중요한 것은 무엇일까를 깊이 생각해보아야 합니다. 오늘의 성탄절은 그리스도인들만의 경축일이 아닙니다. 오히려 일반 사회에서 더 요란스러운 성탄절을 준비하고 즐기며 때로는 상업적으로 이용하는 분위기 가운데 있습니다. 술집이나 호텔, 백화점 등이 크리스마스 트리를 가장 먼저 설치하고 호객 행위를 하는가 하면, 가게마다 크리스마스캐럴이 캠페인 노래마냥 요란하게 흘러나옵니다. 크리스마스가 그 만큼 세속화된 것이 현실입니다. 성탄절의 바른 의미를 찾아볼 필요가 절실해지는 이유입니다.

※ ※ ※

요한복음은 아기 예수님에 관한 이야기는 전혀 언급하지 않습니다. 그러나 하나님께서 사람의 몸을 입고 인간 세계로 들어오셨음을 분명하게 선언합니다. 그런 사실을 신학적으로는 성육신 成肉身:incarnation 사건이라고 합니다. 성탄절은 바로 그 성육신이라는 신비한 일이 이루어진 날인 것입니다. 그것은 말씀에 압축되어 표현되고 있습니다.

> "말씀이 육신이 되어 우리 가운데 거하시매 우리가 그의 영광을 보니 아버지의 독생자의 영광이요, 은혜와 진리가 충만하더라" 요1:14.

이 말씀이 성육신 교리의 기초입니다. 요한은 태초에 말씀이

배에 앉아 사람들을 가르치시는 예수-구스타브 도레

계셨는데 그 말씀은 하나님과 함께with 계셨을 뿐 아니라 그 말씀이 바로 하나님이셨다고 전합니다.

말씀 안에 생명이 있었고, 그 생명은 곧 빛이라는 말씀요1:1-13이 그 배경을 이룹니다. 그는 태초에 하나님성부 하나님: the Father과 함께 계셨으므로 아들 하나님은 성부 하나님의 피조물이라거나 성부 하나님으로부터 나왔다는 주장들은 모두 잘못된 주장들입니다.

※ ※ ※

여기에서 우리는 "예수님은 누구시냐Who is Jesus?"는 질문부터 하게 됩니다. 많은 사람들은 예수님이 세계 4대 성인 가운데 한 분이라거나 훌륭하시고 선한 한 분의 종교적 스승이었다고 하기도 합니다. 그러나 온전한 그리스도인이라면 그분은 하나님의 아들이라고 대답할 것입니다. 사람의 상식으로는 이해하기 힘든 부분이 바로 여기에 있습니다. 아들이라면 당연히 하나님보다는 나중에 존재하게 된 분이고 모든 면에서 하나님보다는 못한 분이라고 생각하기 때문입니다.

정통 교회는 '삼위일체Trinity 하나님'이라는 교리를 진리로 받아들이고 있습니다. 이 교리는 우리의 이성으로는 이해하기 어려운 신비에 속하는 교리입니다. 다시 말해서 우리가 믿는 하나님은 성부 성자 성령 세 분이시면서 동시에 유일하신 한 분 하나님이라는 말입니다. '3=1'이라는 공식은 수학이나 과학에서는 있을 수 없는 것입니다. 그것은 인간적인 지성이나 상식으로는 도저히 설명하거나 이해할 수 없는 영역입니다. 하지만 하나님의 신비를 표현하기에는 이보다 더 적합한 설명은 없다고 우리는 믿습니다. 이것은 은혜 입은 그리스도인들이 믿음으로 받아들일 수 있는 진리이며 믿음의 신비입니다.

요한복음은 성자 하나님을 말씀이라고 표현하면서 그가 태초에 하나님과 함께 계셨다는 이야기로 시작합니다요1:1-2*. 성부 하나님과의 관계를 말할 때 아들이라는 말을 사용했지만 삼위 하나님은 동등한 하나님이시고, 함께 계셨으며 본질상 한분 하나님이시라는 사실을 설명합니다. '그'는 하나님의 아들 곧 성자 하나님으로서 사람의 아기 모습으로 이 세상에 오셨던 것입니다.

---

* 태초에 말씀이 계시니라 이 말씀이 하나님과 함께 계셨으니 이 말씀은 곧 하나님이시니라 그가 태초에 하나님과 함께 계셨고

공의와 사랑

그러면 그는 왜 이 땅에 오셨을까요? 또 왜 오시지 않으면 안 되었을까요? 요한복음은 그것을 이렇게 설명합니다.

> "하나님이 세상을 이처럼 사랑하사 독생자를 주셨으니 이는 그를 믿는 자마다 멸망하지 않고 영생을 얻게 하려 하심이라" 요3:16.

세상을 향한 하나님의 사랑 때문입니다. 여기에서 세상이라는 말은 이 세상에 살고 있는 사람들, 곧 인류를 일컫는 말입니다.

하나님께서는 사람들을 너무나 사랑하시기 때문에 그의 아들 하나님을 보내서 사람들이 영원히 사는 데로 들어가는 길을 여셨다는 뜻입니다. 하나님의 아들을 세상에 보내신 것은 세상을 향한 하나님의 사랑때문이었습니다. 인류를 향해 하나님이 주신 최대의 선물인 것입니다.

다시 사람들이 영생에 이르도록 하는 길이 그 방법 밖에 없었을까요? 또 그가 오신지 이미 2000년이 지난 지금도 사람들이 그 분을 필요로 할까요?

※ ※ ※

이런 질문에 대한 대답은 우리 인간의 모습과 처지를 바로 깨닫는 데 있습니다. 사람은 하나님의 피조물 가운데 최고의 걸작품으로 만들어져서 하나님과 직접 교제까지 할 수 있는 존재였습니다. 그러나 첫 사람 아담은 자신의 처지를 망각하고 하나님처럼 되려는 욕구 때문에 하나님을 대적하는 존재인 사탄의 유혹에 넘어갔습니다. 하나님께서 절대로 먹지 말라고 하신 하나님의 명령을 거역하여 금단禁斷의 열매를 먹음으로써 죄인이 되었습니다.

결국 아담 이후의 인간은 저주와 멸망의 대상으로 전락되고 말았습니다. 하나님은 사랑의 하나님이실 뿐 아니라 공의公義의 하나님이십니다. 인간 아담의 범죄 사실을 그냥 묵과할 수는 없으셨습니다. 그 응당한 죄의 대가는 저주와 영원한 죽음, 곧 영원한 멸망입니다.

그러나 하나님은 또한 지극한 사랑의 하나님이십니다. 그의 최고의 피조물인 인간이 그렇게 영원히 멸망하는 것을 내버려둘 수는 없었습니다. 그래서 그는 구약을 통해 아브라함과 이삭과 야곱의 자손들을 택하여 그 죄 문제의 해결을 위해 송아지나 염소, 양의 피를 통해 인간의 죄를 대속할 수 있는 일시적인 방법의

십자가에 달리신 예수-구스타브 도레

길을 마련해주셨습니다.

※※※

그러나 사람들은 역시 하나님의 기대에 미칠 수 없었습니다. 또 구약성경의 그 길로는 인간이 죄 문제를 바로 해결할 수 없었습니다. 그리하여 하나님은 그의 사랑과 공의를 모두 충족시킬 수 있는 길을 마련하셨습니다. 그것이 바로 예수님의 십자가에 달려 죽으시는 인류 대속의 방법이었습니다. 사람이 믿음으로 구원의 길에 들어올 수 있는 길을 여신 겁니다.

이런 인류 구원이라는 거대한 일을 위해서는 하나님의 아들이 사람의 몸을 입고 사람으로 살다가 죽으셔야만 했습니다. 이것이 바로 성탄의 의미며 그것이 중요한 이유입니다.

세상에서 가장 귀중한 선물

하나님은 그 크신 사랑 때문에 범죄하여 멸망할 수밖에 없는 인간을 구원하시기 위해 최대의 사랑의 표현인 자기희생의 길을 선택하셨습니다. 그것이 바로 하나님이신 예수께서 사람의 몸을 입으시고 이 땅 위에 오시게 했습니다.

사람들은 그대로 두면 자동적으로 멸망의 길을 가게 되어 있습니다. 하나님께서는 그들에게 생명으로, 즉 영원히 사는 길로 갈 수 있는 문을 열어두신 것입니다. 그러나 구원의 길은 자동으로 들어가는 길이 아닙니다. 오직 그분을 주와 구주the Lord and the Savior로 믿고 영접하는 사람들에게만 그 문이 열려있습니다. 조건은 너무나 간단합니다. 하나님은 세상에서 가장 귀중한 선물을 가장 단순하게 받을 수 있게 해주신 것입니다.

그렇게 보면 구원의 길로 가는 것은 순전히 인간 자신의 책임인 것처럼 생각하기 쉽습니다. 그러나 우리는 여기에서 그를 믿고 영접하도록 하시는 분도 바로 하나님이시라고 고백합니다. 그분의 사랑 때문에 우리가 그를 믿고 영접하도록 하신다는 말입니다. 이것을 우리는 하나님의 은혜지극한 사랑라고 고백합니다. 그리고 성탄절은 바로 이런 '은혜의 길이 우리에게 열리기 시작하는 것을 기리는 날'입니다. 그러므로 우리는 기쁨과 감사가 가득한 마음으로 성탄절을 맞이하고 기려야 합니다.

그래서 우리는 대림절待臨節: the Advent 기간크리스마스 전 네 번째 주일부터 크리스마스까지을 정하고 이 땅에 우리를 위하여 주님께서 오신 날을 기다리며 그 날을 맞을 준비합니다. 이 기간은 부활절 전 40일을 사순절로 지키는 것과 짝을 이루면서 경건하게 지키는 것이 전통입니다. 마냥 즐기고 떠들썩한 축제의 날들로 보내는 것과는 거리가 있는 것입니다. 그리고 이 기간은 단순히 이미 우리를 구원하시기 위해 오신 주님께서 오셨던 그 날을 기다리는 것만이 아니라 이 세상을 심판하기 위해서 다시 오실 주님을 맞이할 준비를 되새기는 기간이기도 합니다.

제II부

성탄절 전통 이야기
Story of Christmas Tradition

 성탄절 노래
크리스마스캐럴

크리스마스라면 자연스레 즐겁게 부르는 캐럴을 쉽게 떠올립니다. 캐럴이라는 말은 원래 기쁨이 가득한 찬양의 노래들을 부르고 춤을 추는 것과 관련되는 말이라고 합니다. 캐럴은 본래 교회 밖에서 사람들이 기뻐하며 부르던 노래였습니다. 성탄절과는 무관한 노래들로 일종의 축제의 노래 형식을 띠고 있었습니다. 앉아서 부르는 노래들이기보다는 경쾌하게 움직이면서 부르는 노래들이었습니다.

그런데 그 중 다수의 노래가 예수님의 탄생을 찬양하는 노래로 받아들여졌습니다. 교회가 재빨리 그런 노래의 파급을 저지하게 된 것은 당연하고 자연스러운 일이었습니다. 당연히 그리스도인들도 오랫동안 그런 노래를 즐겁게 부를 수 없었습니다.

❄ ❄ ❄

그러나 교회 지도자들이나 신학자들이 아닌 일반 신자들이 기쁨에 찬 캐럴 형식의 노래들을 성탄절에 즐겨 부르는 노래로 받아들이게 되면서 크리스마스캐럴로 발전하게 되었습니다. 그래서 오늘날 크리스마스 절기에 부르는 기독교 신앙을 표현하는 노래들을 통칭하여 크리스마스캐럴이라 부르게 되었습니다. 때로 캐럴은 거리에서나 집에서 부르는 노래로, 교회나 싱딩에서 예배 중에 부르는 노래는 찬송이라고 구별하기도 하지만 크리스마스의 계절에 부르는 노래를 통칭하는 말로 보는 것이 일반적입니다. 넓은 의미에서는 우리의 찬송가에 포함되어 있는 성탄 노래들도 모두 캐럴이라는 범주에 속하게 됩니다.

술 취한 사람의 노래

어쨌든 중세까지는 특별히 성탄절에 부르는 노래들이 발전하지 못했었습니다. 그러다가 13세기의 성자 성 프랜시스가 변화를 가져왔습니다. 그는 곧잘 아이들을 불러 모아서 첫 번 성탄절 이야기를 들려주었는데, 거기에 그치지 않고 그것을 연극으로 표현함으로써 아이들이 그 이야기에 함께 동참하는 경험을 하게했습니다. 라틴어가 아닌 자기들의 말로 가르친 크리스마스 노래를 함께 부르게 했던 것이 오늘의 캐럴 부르기의 효시였던 것이죠. 그들이 교회 담장 밖에서 그 노래의 의미를 이해하면서 함께 그 노래를 부를 때, 그들은 새로운 감동에 사로잡혔을 것입니다.

한 편, 그런 흐름은 계속 퍼져나가서 전 유럽에 전파되었습니다. 나라마다 성탄 연극에 자기들의 언어로 부르는 캐럴들을 곁들이게 되었습니다. 교회 담장 밖에서 그런 일들이 진행되었으므로 수많은 사람들이 그 흐름에 동참하게 되었습니다. 자연스레 그런 새로운 노래들은 평민들의 것이 되었습니다. 거기에서 그들은 당시의 교회 음악에서는 볼 수 없는 생명력과 기쁨을 맛볼 수 있었습니다. 그 노래들은 그들에게 친숙한 것이었고 쉽게 부를 수 있는 멜로디여서 누구나 쉽게 배울 수 있었습니다.

그런 현상에 직면한 대부분의 교회 지도자들은 이 새로운 노래들에 충격을 받았습니다. 그들에게 그것은 술 취한 사람들의 노래로 보였고 성서적으로도 옳은 것이 아니라고 생각되었기 때문입니다. 그래서 교회는 그런 공인되지 않은 노래를 부르지 말라는 금지령을 내렸습니다. 하지만 대부분의 사람들은 그런 금지령을 무시하고 크리스마스 때가 되면 친구들과 어울려 집에서나 길거리에서 캐럴을 불렀습니다. 나중에는 전 유럽을 통해 크리스마스 철이 되면 여행을 하면서 그런 노래들을 부르고 보급하는 사람들까지 출현했습니다. 교회 대중들은 그들을 통해 새로운 캐럴들을 쉽게 배울 수 있게 되었습니다. 반면에 교회는 그런 노래들을 통해 사람들이 믿음까지 잃게 된다는 판단 아래 계속 그런 운동과 맞서나갔습니다.

기쁨과 생기의 예배 음악

그러던 중, 16세기에 들어서 종교개혁 운동이 일어났습니다. 그런데 개혁자 마르틴 루터는 캐럴 형태의 음악을 수용하였습니다. 그래서 많은 독일의 그리스도인들은 그런 노래를 부를 수 있었습니다. 루터는 그의 아이들과 함께 그런 노래를 불렀고 그를 따르는 사람들도 함께 부르게 했습니다. 그는 이런 성탄절의 노래에서 큰 기쁨을 얻을 수 있었고, 그 결과 당시 독일에서는 다른 어느 나라들보다 훌륭한 크리스마스 노래들이 많이 작곡되었습니다.

18세기와 19세기를 거치면서 크리스마스 음악은 더욱 발전되고 보급되었습니다. 또 영국의 전성기라고 할 수 있는 빅토리아 여왕 시대1819-1901는 크리스마스 음악의 발전과 보급도 그 절정에 이르렀습니다. 왕실에서부터 크리스마스 음악의 애호가들이 나온 것입니다. 그 시대의 캐럴들은, 어느 정도 경박하다고 할 수 있는 중세의 캐럴 풍에서 벗어나 진지하게 성탄의 신앙과 기쁨을 표현하는 것이었고 성탄의 경이驚異를 나타내는 것이었습니다. 결국 짧은 기간에 크리스마스캐럴은 전 유럽을 휩쓸었고 대부분의 교회들도 이것을 수용할 수밖에 없는 환경이 되었습니다.

19세기에는 미국의 교회들도 그것을 그대로 받아들여 예배 음악으로까지 사용하게 되었습니다. 이제 캐럴은 성탄절에 없어서는 안 되는 것이 되었습니다. 크리스마스에 생기生氣를 불어넣는 것이 되었고, 설교로 심어줄 수 없는 많은 것들을 사람들에게 가져다주었습니다. 미국의 경우 남북 전쟁이 끝나고 수십 년간에 걸쳐 사랑받는 캐럴들이 많이 나왔습니다.

❄ ❄ ❄

오늘 날 캐럴은 너무 바빠진 현대인들의 일상과 세속화 된 성탄 분위기로 인해 감동과 기쁨이 많이 줄었습니다. 시즌만 되면 거리마다에서 들려오는 크리스마스캐럴이 진정한 성탄절의 의미를 오히려 퇴색시키고 있는 것도 사실입니다. 교회 안에서 먼저 참된 성탄의 의미를 밝히고 크리스마스캐럴의 가치를 다시 찾아 그리스도인들에게 생기를 불어넣는 일에 박차를 가해야 할 것입니다.

낡은 오르간 때문에 비롯된 명곡

자, 그럼 이제 성탄절 노래들이 나오게 된 뒷이야기들을 살펴볼까요? 모든 캐럴을 다 알아볼 수는 없으므로 여기서는 그 중 대표적인 몇 곡을 살펴보겠습니다. 우선 우리 찬송가에 나오는 일부를 보죠. 성탄절 노래들 중에 가장 사랑받는 찬송 '고요한 밤 거룩한 밤' 109장이 그 첫 찬송입니다.

이 곡이 우리에게 오기까지는 거의 기적이라고 할 수 있는 이야기가 숨어 있습니다. 이 아름답고 순수한 찬양은 19세기 조 오스트리아의 작은 마을에 있던 교회와 그 교회의 고장난 오르간, 고요하고 한적한 성탄 전야, 특별한 음악 없이는 성탄 예배를 드리지 않으려는 한 사제 등이 관련되어 있습니다.

※※※

때는 1817년. 스물 다섯 살의 조셉 모르Joseph Mohr라는 젊은 사제가 오스트리아의 오베른도르프Oberndorf라는 작은 마을에 있는 성 니콜라스 교회St. Nicholas Church의 사제보assistant priest로 임명되었습니다. 그는 어려서부터 음악을 사랑하는 사람이었습니다. 부임한 작은 교회에서 사용하는 음악을 책임지게 된 그는 특별한 예배를 위해서는 노랫말을 쓰기도 하고 곡을 붙여 노래를 부르기도 했습니다.

1818년 겨울은 유난히 추웠습니다. 모르 사제는 성탄 전야의 특별한 자정 미사를 준비하고 있었습니다. 그것은 몇 달 동안이나 준비되어온 예배였습니다. 음악도 메시지도 준비가 되었습니다. 그런데 예배실 청소를 끝냈을 때 그는 심각한 문제에 부딪혔습니다. 예배당에 있는 오르간이 작동하지 않는 것이었습니다. 그는 그 낡은 악기를 고쳐보려고 건반이나 페달 등 만질 수 있는 것은 다 만져보았지만 헛수고였습니다. 오르간은 아예 소리가 나지 않았습니다. 그는 자기 힘으로는 어쩔 수 없음을 깨닫고 간절하게 기도를 드렸습니다. 이 중요한 날 예배에서 하나님께 찬양으로 영광을 돌릴 수 있는 길을 보여달라고 기도한 것입니다.

그 때 불현듯 2년 전 다른 교회에서 봉사할 때 써 두었던 성탄절을 위한 노랫말이 생각났습니다. 할아버지의 집에서 교회로 가던 길에 받은 영감을 시로 옮겨 쓴 것이었습니다. 그는 그 시를 몇몇 친구들에게는 보여주었지만 곡을 붙일 생각은 하지 않았었습니다. 그는 책상으로 달려가 노랫말을 적어둔 종이를 찾아내서 읽고 또 읽었습니다. 그것은 그 때까지는 그리 중요한 것으로 와 닿지 않던 것이었습니다. 그런데 이제 그것은 마치 주님께서 자기에게 들려주시는 음성으로 들렸습니다. 그는 잔뜩 꿈에 부풀어 노랫말을 적은 그 종이를 접어 주머니에 넣고 뛰어나갔습니다. 자정 미사 시간이 몇 시간밖에 남지 않은 시간이있습니다.

※ ※ ※

그날 저녁 서른한 살의 학교 선생님인 그뤼버Franz Grüber는 난방을 위해 애를 쓰고 있었습니다. 그는 한 때 유명한 선생님으로부터 오르간을 배운 적이 있지만 전문적인 음악가가 아니라 성 니콜라스 교회의 소박한 예배를 위해 반주를 할 뿐이었습니다. 그가 전에 배운 악보를 뒤적이고 있을 때 모르 신부가 찾아와 황급히 문을 두드렸습니다. 지금쯤 예배 준비를 하고 있어야할 사람이 그를 찾은 것입니다. 모르 사제는 그들이 처한 상황을 간단히 설명하고 그의 시를 보여주면서 불쑥 '우리 찬양대가 쉽게 배울 수 있는 곡을 이 노랫말에 붙여줄 수 있겠느냐?'고 물었습니다. 오르간 없이 그 노래는 불려져야 한다는 말도 덧붙였습니다. 시간이 너무 없었습니다.

그런데 그 시를 유심히 읽은 그뤼버는 고개를 끄덕였습니다. 모르는 그뤼버의 얼굴에 떠오르는 미소를 보고 하나님께서 그에게도 무엇인가를 보여주셨다는 확신을 가졌습니다. 그리고 서둘러 교회로 돌아왔습니다. 몇 시간 후 그들은 교회에서 만났습니다. 그뤼버는 자기가 쓴 곡을 보여주었습니다. 기쁨에 찬 그들은 마지막 연습을 위해 모여 있는 찬양대원들에게로 달려갔습니다. 그날 밤 그들이 부른 그 노래가 이렇게 전 세계에 퍼져 끊임없이 불려지리라고는 아무도 상상하지 못했습니다.

전해지고 전해지고 전해지고

해가 바뀌어 몇 주가 지났습니다. 오르간을 제작하기도 하고 수리하기도 하는 마우라쳐Karl Mauracher가 성 니콜라스 교회의 오르간을 고치려고 방문했습니다. 그가 작업을 하는 동안에 모르 신부는 지난 성탄절 전야 예배 때 있었던 이야기를 그에게 들려주었습니다. 그리고 자기 기도의 응답으로 주어졌다고 생각하는 그 노래를 불러주었습니다. 감동을 받은 오르간 기술자 마우라쳐는 그 가사를 받아 적고 그 곡을 배워 갔습니다. 이후 몇 년 동안 마우라쳐는 그의 직업상 여러 지방을 여행하면서 가는 곳마다 많은 교회와 마을에 그 노래를 소개했습니다. 그리고 그 노래는 오스트리아와 독일 각 지역으로 퍼져나갔습니다.

1832년에는 스타서Stasser라는 장갑 짜는 사람의 가족이 그 노래를 배워 라이프찌히에서 많은 사람들 앞에서 노래를 불렀습니다. 그것은 노래를 듣는 이들에게 큰 영적 감동을 주었습니다. 그 노래가 가진 깊은 영적 메시지에 감동을 받은 프러시아*의 국왕 윌리암 IV세King William IV는 그의 나라 모든 교회는 매년 성탄절에 '고요한밤 거룩한 밤'을 부르라고 명령하였습니다. 이런 왕의 지원에 힘입어 그 노래는 동유럽 전역과 영국에까지 파급되었습니다.

1839년에는 뉴욕에까지 전해졌습니다. 이제 그 노래는 전 세계 어디에서나 성탄절마다 부르는 사랑받는 찬송 중의 하나가 되었습니다.

---

* Prussia: 독일 북부에 있던 옛 왕국

호기심 많은 음악가의 의지

성탄절에 사랑받는 찬송 중에 '기쁘다 구주 오셨네'115장는 빼놓을 수 없는 노래입니다. '고요한 밤 거룩한 밤'이 같은 교회에 속한 무명의 인물들이 절박한 상황에서 하나님의 직접적인 감동을 기초로 나온 찬송인데 반해 '기쁘다 구주 오셨네'라는 찬송은 한 번도 만난 적이 없는 사람들이 만든 노래입니다. 찬송시를 많이 쓴 시인과 최고의 음악가에게서 유래한 찬송입니다.

이 찬송시를 쓴 왓츠Isaac Watts는 1674년 영국 잉글랜드에서 태어났습니다. 그의 아버지는 구두 수선도 하고 재봉으로 옷을 만들기도 하는 평민 출신이었습니다. 그러나 영국 국교회에 반대하는 사람들 편에 서서 당시의 영국 국교회나 학자들이 인정할 수 없는 급진적인 사상을 가르친다는 죄목으로 수감생활까지 한 강한 의지력을 가진 사람이었습니다. 그런 자유를 향한 정신은 어려서부터 아들에게 그대로 심어졌습니다. 그래서 왓츠는 고향에 있는 영국 국교회가 아닌 회중교회에서 예배하며 자랐습니다.

그는 국교회 성도가 아니었으므로 대학도 누구나 선망하는 옥스퍼드Oxford나 캠브리지Cambridge에 가지 못하고 지방에 있는 학교the Independent Academy at Stoke, Newington에 보내졌습니다. 거기서도 그는 아버지로부터 물려받은 자기의 신앙적 성향을 그대로 드러냈습니다. 그는 현재의 상황에 만족하지 못하고 모든 것에 의문을 가졌습니다. 훨씬 더 잘할 수 있는데도 왜 주어진 것에 만족해야 하는지를 알고 싶어 한 겁니다. 그는 거기에서 희랍어, 히브리어, 라틴어 등을 배운 뒤 나이 20에 학교를 떠나 고향으로 돌아오고 말았습니다.

창의적이지만 고독한 천재

당시 대부분의 젊은이들이 그랬던 것처럼 왓츠도 그 시대의 교회 음악이 영적인 감격이 떨어지고 지루하기만 하다고 생각했습니다. 찬양대의 찬양이나 회중 찬송이나 어디에도 기쁨이나 감격이 없었던 것입니다. 그는 아버지에게 교회에서 부르는 찬송의 가사들이 너무 고풍스런 언어로만 되어 있다고 불평을 털어놓았습니다. 그의 아버지도 전통에 얽매인 사람이 아니었으므로 더 좋은 것을 만들 수 있다면 해보라고 했습니다. 이런 격려에 힘입어 그의 창의력이 불붙었습니다.

그래서 그는 600곡 이상의 찬송시를 썼습니다. 그의 찬송시는 우리 찬송가에도 웨슬리Charles Wesley: 13곡 다음으로 많은 12곡6,

20, 46, 71, 115, 138, 143, 149, 151, 249, 349, 353이나 포함되어 있습니다. 물론 그의 작품이 처음부터 각광을 받았던 것은 아닙니다. 아무도 성경 말씀을 새롭게 번역하여 찬송시에 쓰는 것을 바라지 않았기 때문이죠. 어떤 사람들은 왓츠를 이단자로 몰기도 하고 악마의 도구가 되었다고도 했습니다. 그러나 그는 포기하지 않았습니다. 계속해서 새로운 노랫말을 쓰고 믿음에 새로운 활기를 불어넣었습니다.

※ ※ ※

그는 런던에 있는 독립교회의 목사를 돕는 조사助師로 일하다가 26세의 나이에 목사가 되었습니다. 그는 경건한 생활로 본을 보이면서 창의적인 아이디어들을 구사했습니다. 그의 교회는 급성장하였고 그는 존경과 사랑을 받게 되었으며, 그의 찬송시와 신학적인 글들을 통해서 일약 유명 인사가 되었습니다. 그에게 청혼을 한 여인도 있었으나 그녀와의 결별로 인한 상처를 입은 왓츠는 일생을 독신으로 지내면서 찬송시를 쓰는 일에 몰두하였습니다.

'기쁘다 구주 오셨네'는 그가 시편 98편을 읽고 연구하다가 영감을 받아 쓴 찬송입니다. 4절 말씀 "온 땅이여 여호와께 즐거이

소리칠 지어다. 소리 내어 즐겁게 노래하며 찬송할 지어다"에서 그는 4절로 이루어진 '기쁘다 구주 오셨네'를 써내려갔습니다. 왕성힌 활동을 계속하던 왓츠는 1748년에 하늘나라로 부름받았습니다.

평신도 음악 애호가의 헌신

왓츠가 하늘나라로 간지 44년 후에 미국에서Orange, New Jersey 이 노래에 곡을 붙인 메이슨Lowell Mason이 태어났습니다. 십대의 청소년기에 이미 그는 교회의 찬양대 지휘를 했고 음악학교에서 학생들을 지도했습니다. 그는 음악에 타고난 재능이 있지만 그것을 생계 수단으로 삼으려고 하지는 않았습니다. 1812년 그는 조지아로 가서 은행원으로서의 삶을 시작했습니다. 그러나 음악을 떠난 것은 아니었습니다. 그는 여가를 이용해 화성법을 공부하고 작곡을 배우다가 이미 이 세상에 없는 헨델*을 좋아하게 되었습니다.

헨델의 영향을 받아 많은 곡을 썼지만 출판사에서 그것을 고전적인 음악이라는 이유로 출판을 거절하자 그는 주말을 이용해

---

* G. F. Handel: 1685-1759

교회에서 교회학교 교사와 오르간 연주자로만 봉사했습니다. 그런데 1827년에 그를 놀라게 하는 일이 일어났습니다. 그의 음악을 알아본 어느 출판사가 그의 악보집을 50,000부나 주문받아 찍어낸 것입니다. 그는 즉시 남부를 떠나 보스톤으로 거주지를 옮겼습니다.

메이슨은 이후 20년 동안 뉴잉글랜드 지방의 음악계를 사로잡았습니다. 그는 계속 참신한 아이디어로 찬송가를 작곡해 나갔습니다. 그 역시 600곡 이상의 찬송을 작곡했습니다. 그의 찬송곡은 우리 찬송가에도 가장 많이 수록되어 있는데, 무려 18곡19, 23, 43, 44, 58, 115, 121, 149, 221, 258, 262, 330, 338, 385, 427, 450, 507, 550이나 됩니다.

※ ※ ※

그러면서도 헨델에 대한 그의 사랑은 식을 줄을 몰랐습니다. 1836년 그는 헨델의 메시아 중에서 '너희 머리를 들라Lift up your head'와 '너희를 위로하라Comfort ye'로부터 하나의 영감이 깃든 신곡을 편곡해냈습니다. 작품을 완성하고 나서도 그가 그 곡에 맞는 새로운 활기에 넘치는 노랫말을 찾는 데는 상당한 시간이 걸렸습니다. 3년이 지나서야 그는 한 찬송시집에서 왓츠의 그 찬송시를 발견했습니다. 그래서 그는 왓츠의 찬송시에 자기가 편곡한 그 곡을 붙였습니다. 찬송 '기쁘다 구주 오셨네'는 이렇게 완성되었습니다. 이 찬송은 전 세계적으로 성탄절 찬송 가운데 가장 사랑받는 찬송이 되었습니다.

썰매경주의 노래

다음으로 우리는 찬송가에 포함되어 있지 않은 크리스마스캐럴을 살펴보겠습니다. 먼저 '징글벨Jingle Bells'을 볼까요? 이 노래는 성탄절 노래 중에 가장 많이 불리는 노래입니다. 그러나 이 노래는 원래 성탄절 음악으로 만들어진 곡이 아니었습니다.

매사추세츠 출신의 피어폰트James S. Pierpont는 어려서부터 음악적 재능이 뛰어났습니다. 성인이 되어서 그는 목회자인 아버지를 도와 교회 음악을 책임지고 봉사하였습니다. 1840년경 그는 감사절 예배를 위해 특별한 음악을 만들어 보라는 과제를 받았습니다.

추운 겨울 어느 날 자기 집 창가에 앉아 생각에 잠겨 있는 그에게 기쁨에 차서 떠드는 소리가 들렸습니다. 언덕 위에서부터 한 무리의 젊은이들이 썰매를 타고 내려오고 있었습니다. 경쾌한 질주가 이어졌습니다. 그는 구경만 하고 있을 수가 없어서 뛰쳐

나가 함께 어울렸습니다. 결국 그날의 우승은 그의 차지가 되었습니다.

집에 돌아온 그는 좀 전의 그 놀이를 생각하며 혼자서 콧노래를 흥얼거렸습니다. 그는 그것이 아버지가 목회하는 교회가 필요로 하는 것이라는 생각이 들었습니다. 그는 서둘러 그 마을에 유일하게 피아노가 있는 집으로 달려갔습니다. 주인 아주머니Mrs. Waterman는 흔쾌히 그를 낡은 피아노가 있는 곳으로 안내했습니다. 그는 앉자마자 머리 속에 맴도는 멜로디를 건반 위에 옮겼습니다. 귀를 기울여 듣던 워터만 부인은 "그건 아주 즐겁고 작은 종소리가 울리는 것이구나! 이 노래는 곧 온 마을을 사로잡겠다"고 했습니다.

그날 밤 늦게 피어폰트는 그의 종소리가 울리는 곡을 낮의 설매 경기와 말이 끄는 설매 경주에 결합시킴으로써 그 곡을 마무리했습니다. 전설적인 그 노래는 이렇게 태어났습니다. 그리고 그것은 다음 감사절 축제 때 찬양대가 연주함으로써 알려지게 되었고 시간이 지남에 따라 미국 전역만이 아니라 세계적으로 널리 애창되는 크리스마스캐럴이 되었습니다.

거기에는 아기 예수의 탄생이나 성탄을 나타내는 어떤 내용도 포함되어 있지 않습니다. 그러나 아무런 의심없이 지금은 그것을 성탄 노래로 부르고 있습니다.

엄마 잃은 딸에게 준 아빠의 선물

다음 소개할 캐럴은 '루돌프 사슴 코'입니다. 때는 1938년 대공황이 지나고 난 뒤의 겨울. 몹시 추웠습니다. 더군다나 밥 메이 Bob May는 더욱 혹독한 겨울을 맞았습니다. 몽고메리 워즈라는 회사의 광고 문안 작성자로 일하고 있었지만 공황이라는 시대적 상황과 박봉으로 살림도 완전히 거덜이 났습니다. 설상가상으로 그의 아내 에벌린Evelyn이 2년에 걸친 암과의 투병시간을 거의 끝내려는 때가 다가오고 있었습니다. 그들은 둘 다 이제 시간이 얼마 없다는 것을 느끼고 있었습니다. 네 살박이 딸까지도 불길한 어떤 예감을 느끼는 것 같았습니다.

추운 12월의 어느 날 밤 꼼짝 못하고 누워만 있는 엄마 곁에 갔다가 아빠의 무릎에 앉은 딸아이가 물었습니다.

"엄마는 왜 다른 아이들의 엄마처럼 못해주는 거지, 아빠?"

'이 아이에게 무슨 설명을 해줄 수 있을까?' 밥은 난감했습니다. '이 천진난만한 아이에게 어떻게 삶과 죽음에 관한 이야기를 해줄 수 있을까?' 아이를 안고 아무리 궁리해도 뾰족한 대답을 찾을 수 없었습니다. 그는 어린 딸이 다른 건 몰라도 스스로 사랑을 받고 있다는 것만은 알게 해주고 싶었습니다. 그래서 자기가 경험한 일들을 토대로 커다랗고 붉은 코를 가진 루돌프라는 사슴실지로는 순록이 등장하는 이야기를 꾸며 해주기로 했습니다. 어린 딸은 귀를 기울여 들었고 밥은 그 이야기에 사람들이 겪는 고통과 누구에게나 올 수 있는 기쁨 등을 담아 이야기를 꾸몄습니다. 딸은 너무 좋아했습니다. 그리고 저녁마다 그 이야기를 해달라고 졸랐습니다. 결국 밥 메이는 저녁마다 새로운 이야기를 지어내야 했고, 이야기는 더욱 진지해졌습니다. 나중에는 루돌프가 동화 속에 등장하는 순록이 아니라 오히려 메이네 가족의 일원이 된 것 같았습니다.

크리스마스가 되어도 선물 살 돈이 없었던 밥은 밤마다 딸과 아내가 잠든 뒤에 그 이야기들을 써 모아서 한 권의 수제 책을 만들기로 했습니다. 그리고 그것을 성탄 선물로 딸에게 주기로 했습니다. 그러나 그 성탄이 되기 전에 그의 아내는 하늘나라로 갔습니다. 그러나 밥은 루돌프 이야기를 계속 이어 갔고 결국 그 이야기를 마무리할 수 있었습니다. 딸을 위해서였습니다.

얼마 후 병원 직원들의 파티가 열렸을 때 사람들은 그에게 그 이야기를 앞에 나와 낭독해달라고 했습니다. 주저하다가 그는 나갔습니다. 그가 들려준 이야기에 사람들은 감동을 받아 자기들도 그 책을 한 권씩 가지고 싶다고 했습니다. 그것을 안 그 회사 대표가 그 이야기*를 책으로 출판해서 보급해주었습니다. 1939년 성탄절을 위해 때를 맞추어 그것을 전국적으로 보급하였습니다.

---

* Rudolph the Red-Nosed Reindeer

1946년에는 그것을 600만 부 이상 발행하여 보급하게 되었습니다.

※ ※ ※

그는 재혼을 했습니다. 그의 처남Johnny Marks은 작곡을 하는 사람이었습니다. 처남은 그것을 노래로 만들어 보자고 했습니다. 그렇게 해서 나온 것이 바로 이 노래입니다. 처음에는 음악인들로부터 외면을 당하는 어려움도 있었지만 오래지 않아 이 노래는 미국 전역에 그리고 전 세계로 퍼져나갔습니다.

풀리지 않는 음악 지망생

성탄절 음악을 이야기할 때 우리는 헨델의 메시아를 지나쳐 버릴 수 없습니다. 그것이 성탄절 음악인가 아니면 부활절 음악인가 하는 논쟁은 우리의 관심 밖의 일입니다.

헨델*은 1685년 2월 23일에 독일 할레Halle에서 태어났습니다. 그는 글을 배우기도 전에 음악에 먼저 관심을 가졌습니다. 그는 어머니의 도움과 격려 덕택으로 성악과 기악을 충분히 교육받을 수 있었습니다. 그런데 음악적 재능은 타고난 그였지만, 무슨

---

* George Frederic Handel: 1685-1759

영문인지 그는 대학에서는 낙제를 하고 쫓겨났습니다.

그는 음악인의 삶을 살기로 결심하고 18세의 나이에 고향을 떠나 함부르크Hamburg로 갔습니다. 거기서 3년 동안 지휘도 하고 바이올린 연주도 했으며, 오페라 작곡도 했습니다. 하지만 그곳이 그의 음악의 꿈을 펴기에는 맞지 않는다고 생각하고 더 넓은 세계로 나가기로 했습니다. 1706년 스물한 살의 나이에 그는 이탈리아로 건너갔습니다. 거기서 그는 그를 일약 유럽 전역에서 가장 유명한 인사들의 대열에 설 수 있도록 하는 음악 장르형식를 배워 익히게 되었습니다. 오라트리오*였습니다. 다음 3년에 걸쳐 그는 두 편의 오라트리오를 작곡하여 발표했습니다. 그것은 오페라Opera: 歌劇와 비슷하지만 무대나 의상 준비 없이 공연할 수 있는 것이었습니다. 공연에 비용은 적게 들어가고 일반인들과 엘리트층의 사람들 모두가 쉽게 이해할 수 있는 음악이었습니다. 그런 작품에는 그의 신앙과 확신들을 그대로 반영시킬 수 있었으므로 그는 이런 음악의 공연을 사랑했습니다.

그의 이런 재능이 발휘되고 명성이 높아지자 그는 왕실의 후원을 입으면서 전 유럽에 그 이름을 날리게 되었습니다. 스물다

---

* oratorio: 성경의 이야기들을 극적으로 표현하는 합창곡

섯의 젊은이는 이제 유명 인사가 되었습니다. 그는 그야말로 금의환향錦衣還鄉했습니다. 그러나 그의 조국은 그의 창의력을 마음껏 발휘할 수 있는 곳이 못 되었습니다.

연단

그는 그 다음 해 1710년에 영국으로 이민을 갔습니다. 런던에서 출판한 그의 첫 작품으로 그에게 돈이 쏟아져 들어왔고 그것은 그의 인생의 성공을 알려주는 것 같았습니다. 그의 오라토리오는 그를 단번에 런던에서 가장 인기 있는 작곡가 대열에 들어설 수 있게 했습니다. 그러나 그는 더 많은 오라트리오만을 작곡하는데 머물지 않고 교회 음악과 세속 음악을 모두 작곡하고 기악곡과 오페라도 씀으로써 활동의 영역을 넓혀갔습니다. 얼마 동안 그는 영국에서 가장 유명한 음악가였습니다. 지위와 부도 생겼습니다. 그러나 하나님께서는 그를 달리 쓰시려고 했습니다.

그는 각종 질병에 시달리게 됐습니다. 그로 하여금 다시 하나님께 무릎 꿇게 하고 그에게서 명성과 돈을 모두 빼앗아 간 것은 그에게 덮친 질병이었습니다. 중년의 나이에 벌써 여러 번 쓰러지기도 했고 류머티즘으로 오랜 투병생활을 했으며 백내장으로 거의 실명하는 단계에까지 갔습니다. 몸에 든 병은 그의 창의력도 고갈시켜 버렸습니다. 그 결과 그는 경제적으로도 막다른 골목까지 갔습니다. 이제 그만 죽게 해달라고 기도할 정도였습니다.

기회

그런데 하나님께서는 그를 다시 일으키셨습니다. 1841년 8월, 어느 무더운 날 그에게 두 통의 편지가 배달되었습니다. 빚 독촉에 문민 두들겨도 깜짝 놀라던 때였습니다. 편지의 하나는 그의 오랜 친구인 데본셔Devonshire의 공작이 보낸 것이있습니다. 더블린에 와서 감옥에 있는 수감자들과 병원에 있는 환자들을 위로하고 도움이 될 수 있는 음악회를 해달라는 내용이었습니다. 헨델은 우선 지금의 곤경에서 벗어나 오케스트라를 다시 지휘할 수 있게 되었다는 생각에 그 초청을 기꺼이 수락했습니다.

다른 하나의 편지는 기인奇人으로 소문난 제넨스Charles Jennens에게서 온 것이었습니다. 그를 아는 모든 사람들이 그와의 교류를 꺼렸지만 그 날 헨델은 전에 그가 훌륭한 시를 써주었던 것을 기억하고 그 편지를 읽었습니다. 제넨스는 거기서 새로운 오라토리

오를 쓸 수 있는 아이디어를 불어넣어 주었습니다. 그 내용은 신구약성경을 통틀어 그리스도와 관련되는 가장 중요하다고 생각되는 이야기들을 모아 정리한 것이었습니다. 그것이 그의 창작인지 다른 사람들의 작품에서 개작한 것인지에 대해서는 논란이 있지만 문제될 것은 없습니다. 중요한 것은 그것이 헨델에게 영감을 불어넣어주었고 창의력에 다시 불을 지폈다는 사실입니다.

※ ※ ※

8월 22일 그는 자기 방에 들어가 두문불출 작곡에 몰두했습니다. 그래서 '메시아' 전곡의 첫째 부분인 '크리스마스Christmas'와 관련된 곡들을 첫 일주일 만에 완성했습니다. 다음 '구속 이야기The Redemption Story'와 관련되는 곡들은 9일 만에 완성됐습니다. 그리고 그 다음 '부활과 그리스도가 통치하는 미래의 나라The Resurrection and Future Reign of Christ on Heaven and Earth'에 관한 곡들을 다시 일주일 만에 완성했습니다. '메시아'라는 대곡을 작곡하는 데 23일이라는 시간밖에 걸리지 않았다는 얘깁니다. 물론 그 뒤로 여러 번 수정을 가한 뒤에 그는 그 신곡이 더블린에서 요구하는 것을 충족시킬 수 있다고 느꼈습니다.

예비하신 선물

다음 해1742년 4월 8일 헨델은 그의 신곡 연주회를 위한 연습을 시작했습니다. 그리고 13일에 소수의 합창단원들과 작은 오케스트라와 함께 많은 청중 앞에서 그 곡을 발표했습니다. 그는 거의 실명 단계에 있었으므로 청중을 볼 수 없었습니다. 단지 박수갈채 소리를 통해 그가 다시 한 번 성공적인 곡을 냈다고 생각할 뿐이었습니다.

아일랜드에서의 공연 소식은 바로 런던으로 전해졌습니다. 거장 헨델이 다시 돌아온 것입니다. 몇 달 후에 그는 그의 신곡을 가지고 런던의 무대에 서게 되었습니다. 공연 때마다 음악당은 만원이었고 둘째 날 밤에는 국왕 죠지 II세Kinf George II가 공연을 보고 있었습니다. 너무나 큰 감동을 받은 '할렐루야'가 시작되자 국왕은 그 자리에서 벌떡 일어섰습니다. 국왕이 서니까 다른 청중들도 모두 따라 일어섰습니다. 이후 '할렐루야'를 연주할 때는 일어서서 듣는 것은 하나의 전통으로 자리 잡게 되었습니다.

그러나 헨델의 시력은 더욱 악화되어 그의 음악에 사람들이 얼마나 큰 감동을 받는지를 그의 눈으로는 확인할 수 없었습니다. 단지 느낄 수 있을 뿐이었습니다. 첫 연주회를 가진지 17년

이 지나서 1759년 그는 그의 위대한 곡을 마지막으로 지휘하고 나서 꼭 8일 후에 하나님의 품에 안겼습니다. 그는 웨스트민스터 사원에 안장되었는데 그의 장례식에도 '할렐루야'가 연주되었다고 합니다.

※ ※ ※

그가 세상을 떠나고 나서 그의 음악도 점차 빛을 잃어갔습니다. 그러다가 1870년대에 와서 다시 그의 작품들이 빛을 보기 시작했습니다. 가톨릭교회와 개신교회가 모두 헨델의 '메시아'를 부활절에 즐겨 부르는 음악으로 삼았습니다.

1900년에 와서는 사람들이 매년 부활절마다 그 음악을 기대하게 되었고, 일부 사람들은 성탄절에도 그것을 들을 수 있기를 바라게 되었습니다. 오늘에 와서는 그것을 부활절보다 성탄절 음악으로 더 애호하고 있습니다. '메시아'라는 위대한 작품은 헨델이라는 위대한 음악가의 손에서 나왔지만 그 배후에 하나님의 전능하신 손길이 역사했음을 우리는 기억해야 할 것입니다.

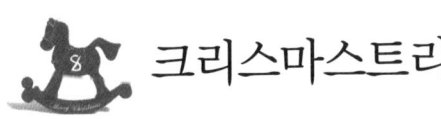 # 크리스마스트리

성탄절이 다가오면 교회는 물론 가정이나 사회에서 크리스마스트리를 세우고 장식하는 것이 일반화 되고 있습니다. 신앙과는 관계없이 호텔이나 일반 서비스업을 하는 가게들까지 성탄 장식을 합니다. 꼭 나무를 세우지 않고 조명만으로 하는 장식도 우리는 크리스마스트리라고 부르는 것을 당연시 합니다. 그러면 이런 크리스마스트리는 언제 어디에서부터 유래된 것일까요?

다음 소개할 이야기는 전해오는 이야기입니다. 그러나 크리스마스트리의 유래를 아름답게 설명해주는 이야기임에는 틀림이 없습니다. 이 이야기는 어떻게 전나무가 크리스마스트리로 쓰이게 되었는지를 설명해주는 예화입니다.

겸손한 전나무와 천사의 선물

아기 예수님이 태어나셨을 때 모든 사람과 동물들, 모든 나무들과 식물들이 기뻐했습니다. 아기는 온 세상에 평화와 기쁨을 주려고 태어났기 때문입니다. 사람들은 그 소문을 듣는 대로 매일 나름대로 선물을 준비해서 찾아왔습니다. 아기가 있는 집 가까운 곳에는 나무 세 그루가 있었습니다. 나무는 아기를 찾아오는 사람들을 보고 있었습니다. 그리고 자기들도 그 아기 예수님께 선물을 드리고 싶었습니다. 종려나무가 말했습니다.

"나는 나의 가장 아름다운 잎을 잘라 드려서 아기를 가리는 가리개로 쓰게 할 거야."

그러자 감람나무가 말했습니다.

"나는 나의 향기로운 기름을 그 머리에 발라 드릴 거야."

그런데 가까이에 서 있던 어린 전나무가 말했습니다.

"나는 아기 예수님께 무엇을 드릴 수 있을까요?"

그 말을 들은 두 나무는 코웃음을 치며 "너는 아무 것도 드릴 것이 없잖아. 너의 바늘 같은 잎은 아기를 찔러 아프게 할 뿐이야, 침 안 됐다"고 했습니다. 전나무는 너무 슬펐습니다.

"맞아요. 나는 아기 예수님께 드릴게 아무 것도 없어요."

그런데 그때 그들 가까이에 성탄절 천사가 내려와서 나무들이 하는 말을 모두 듣고 있었습니다. 천사는 겸손하기만한 전나무가 가여웠습니다. 그래서 날이 저물어 어둠이 찾아오고 뭇 별들이 하늘을 수놓았을 때, 작은 별들에게 그 전나무 가지에 내려앉아 달라고 부탁했습니다. 별들은 천사의 부탁을 그대로 들어주었습니다. 갑자기 전나무는 아름다운 별빛으로 장식이 되었습니다.

그 때 잠들었던 아기 예수님이 눈을 뜨고서는 그 아름다운 별빛을 보고 미소를 지으셨습니다. 이후 사람들은 전나무를 크리스마스 트리로 사용하고 갖가지 불빛으로 장식했다고 합니다.

아기 예수의 생일 선물 품평회

비슷한 다른 하나의 이야기도 전해져오고 있습니다. 아기 예수께서 태어났을 때, 그 소식을 들은 사람들도 경배하러 왔지만 동물들의 세계나 나무들의 세계도 경배 행렬이 이어졌습니다. 사과나무와 배나무는 탐스러운 과일을 바쳤고, 장미는 아름다운 꽃을 가지고 왔습니다. 감람나무는 맛있는 기름을 가져왔고, 포도나무도 탐스러운 포도송이를 바쳤습니다. 나무마다 자기가 바칠 수 있는 최상의 것을 예물로 드렸습니다. 그런데 역시 전나무는 바칠 것이 없었습니다. 고민하던 전나무가 아기 예수 가까이 가서 엎드렸습니다.

> "예수님, 저는 드릴 것이 없습니다. 탐스러운 열매도 아름다운 꽃도 향기로운 기름도 없습니다. 그래서 저는 저 자신을 예수님께 드리겠습니다. 저의 잔 가지들을 잘라서 아기

예수님이 들어가 누울 수 있는 바구니를 만드시고 큰 가지들은 그 기둥들로 써 주세요. 그리고 잎은 따서 아기 예수님이 누우시는 자리 밑에 깔아주세요."

그 광경을 보고 천사들이 모였습니다. 드린 선물들을 평가하는 품평회를 열기 위해서였습니다. 단연 전나무가 1등이 되었습니다. 가진 무엇이 아니라 자기 자신을 그대로 바쳤기 때문입니다. 천사들은 축하하는 의미에서 동방박사들에게 세상의 구주가 나신 것을 알려주었던 그 별을 따다 전나무 가장 꼭대기에 걸어주고 다른 나무들이 가져온 과일들과 꽃들 등 가져온 모든 예물들과 선물 꾸러미들을 전나무 가지에 걸었습니다. 훌륭한 크리스마스트리 장식이 이루어진 거죠. 그래서 사람들은 지금도 전나무에 별 외에 여러 선물들을 걸어 크리스마스트리로 장식한다고 합니다.

역사 속의 크리스마스트리

그러나 실제 역사에서는 훨씬 늦게 크리스마스트리가 등장합니다. 옛날 사람들은 어느 민족이나 큰 숲과 나무를 신성시해왔습니다. 우리 조상들도 큰 산에는 산신령이 있다고 생각했고 큰 나무에도 신이 깃들어 있다고 생각했습니다. 그래서 큰 산 앞에서 제사를 드리기도 하고, 큰 나무 앞에서 고사告祀를 올리기도 했는데, 특히 상록수는 귀하게 여겼습니다. 추운 겨울을 꿋꿋이 견뎌내는 것을 보고 송죽松竹의 절개와 지조를 논하기도 했습니다. 서양에서도 마찬가지였습니다. 상록수는 특별한 생명력과 능력을 지니고 있다고 생각했습니다.

❋ ❋ ❋

크리스마스트리가 역사에 나타나는 것은 불과 몇 백 년밖에 안 됩니다. 예수께서 십자가에 달려 죽으신 뒤 1000년이 훨씬 넘게 스칸디나비아 반도에는 복음이 전해지지 않았습니다. 겨울은 너무 춥고 길었습니다. 눈은 너무 높이 쌓이고 밤은 길어 햇빛을 보는 시간이 얼마 못 되었습니다. 그곳에 살던 사람들에게 겨울은 죽음의 계절이었습니다. 그들은 상록수, 특히 그곳에 숲을 이루고 있는 전나무에서 희망을 발견했습니다. 그 추운 겨울에도 살아남을 뿐 아니라 세월이 흐르면서 큰 숲을 이루는 것을 보고, 그 나무를 자기 집에 가꾸면 겨울의 혹독함을 견딜 수 있는 힘을 선물로 가져다준다고 생각한 것입니다. 상록수의 그런 힘을 믿는 곳은 다른 곳들도 많이 있습니다.

헬레나 공주로부터 트리 시장에 이르기까지

전나무가 크리스마스트리라고 처음 불러진 것은 1510년 북유럽 발트해 연안에 있는 작은 나라 라트비아Latvia에서라고 합니다. 성탄절에 식탁 위에 작은 전나무를 세우는 전통이 생긴 것입니다. 그런 관습에 익숙한 그 나라의 헬레나 공주Princess Helene가 1521년 프랑스 중부의 오를레앙 공작the Duke of Orleans과 결혼하여 프랑스로 가면서 그런 풍습도 가져가 전했다고 합니다. 그러나 그것을 확실하게 크리스마스트리라고 불렀다고 보기는 어렵습니다.

❄ ❄ ❄

종교개혁자 루터Martin Luther와 관련된 이야기도 전해집니다. 하루는 그가 12월의 어두운 밤에 집으로 돌아가는 길에 자기 집 주위에 있는 전나무들 가지 사이로 환하게 비쳐오는 별빛을 보았습니다. 집에 온 그는 방안에 전나무를 하나 세우고 거기에 촛대를 매달아 불을 켜고 그 빛 아래서 책을 보았습니다. 나중에 촛불의 수가 더 많아진 것이 오늘 날의 크리스마스트리에 많은 불을 밝히는 전통으로 이어졌다고도 합니다. 그는 친구들과 가족들에게 상록수인 전나무의 변함없는 그 색the evergreen's color은 하나님의 변함없는 사랑the everlasting love of God을 가리킨다고 가르쳤다고 합니다.

※ ※ ※

또 하나의 전해오는 이야기는 이렇습니다. 7세기에 잉글랜드 출신 성자 성 보니파스St. Boniface는 한 사람의 선교사로 유럽 대륙을 끊임없이 여행하면서 프랑스와 독일에 수백 개의 교회를 설립한 인물이었습니다. 한 번은 그가 중부 유럽을 여행하다가 일단의 사람들이 거대한 오크나무 주위에 둘러선 것을 보았습니다. 그리고 그 중 한 남자가 어린 소년 하나를 잡고 있었습니다. 그들이 섬기던 신 토르Thor: 우레의 신에게 희생 제물로 바치기 위해서였습니다. 그런 사실을 알게 된 보니파스는 그 사람들에게 그런 헛된 일을 하지 말고 아이를 놓아주라고 했습니다. 그러나 그들은 물론 그의 말을 듣지 않았습니다. 그러자 그 성자는 그 오크나무에게로 당당하게 걸어가서 주먹을 불끈 쥐고 그 나무에 일격을 가했습니다. 그러자 그 거대한 나무가 흔들흔들하다가 땅에 쓰러졌습니다. 그리고 먼지가 가라앉자 그 거대한 나무가 서 있던 자리

뒤쪽에 작은 전나무 한 그루가 보였습니다. 보니파스는 사람들에게 그 나무를 가리키면서 그 상록수는 생명의 나무를 상징한다고 설명했습니다. 혹독한 겨울 추위도 죽일 수 없는 생명력을 하나님께서 주셨다는 것이었습니다. 그 이야기는 하나의 전설이 되어 프랑스와 독일 전역에서 전나무를 천정에 매다는 것이 기독교의 상징물이 되었다고 합니다. 그래서 그런 전통은 집에서만 아니라 교회에서도 일반적으로 행해지게 되었습니다. 12월이 되면 전나무를 베어다가 교회 바깥뜰에 세우게 된 것이었습니다. 그러나 이런 전통이 어떻게 크리스마스트리와 관련되었는지는 설명되지 않습니다.

※ ※ ※

다른 하나의 이야기는 역시 16세기에 프랑스와 독일의 접경 지역에 있는 알자스Alsace지방에서 크리스마스트리가 처음으로 등장했다고 하는 이야기입니다. 남아있는 최초의 증거로는 1605년 알자스 지방의 중심 도시인 스트라스버그Strasbourg에서 기록된 한 일지의 장식 나무들 이야기일 것입니다. 그러나 그것이 어떻게 어떤 의미로 거기에 등장했는지에 대해서 역시 정확하게 말할 수는 없습니다.

※※※

　현대적인 크리스마스트리의 전통은 미국을 중심해서 발전했다고 할 수 있습니다. 미국에 이런 전통이 처음 소개된 것은 독립전쟁 때였다고 알려져 있습니다. 그러나 미국 신문에서 크리스마스트리 이야기를 전해준 것은 1840년대 후반입니다. 크리스마스트리가 성탄절의 의미를 살려준다는 생각은 중상류층의 집에서 장식을 시작하면서였습니다. 반면 서민층은 쉽게 구할 수 있는 나무Cedar: 삼나무를 이용했습니다. 그러나 도시민들에게는 그마저 구하기가 쉽지 않았으므로 19세기 후반에 가서는 크리스마스트리를 파는 시장까지 등장하게 됩니다. 그것이 우리기 현재 하고 있는 크리스마스트리의 전통으로 확립된 거죠. 살아 있는 전나무들을 그렇게 베다가는 전나무를 멸종시킬 수 있다는 생각에서 인조 전나무 트리가 널리 이용되도록 권장되었습니다. 조명기구들의 발달로 갓가지 조명이 그것을 장식하는데 사용될 수도 있게 되었고, 기타 각종 과일 모양이나 선물꾸러미 모양들도 그 상식을 위해 이용되었던 것입니다.

산타클로스와 선물, 양말

성탄 이야기를 할 때 산타클로스Santa Claus 이야기를 빼놓을 수 없죠. 원래 이 이야기가 성 니콜라스St. Nicholas 이야기로부터 유래됐다는 것은 잘 알려져 있는 이야기입니다. 그러나 성 니콜라스가 어떤 인물이었는지를 정확하게 알려주는 역사적 자료는 거의 없습니다. 단지 여러 가지 이야기가 민담처럼 전해져올 뿐입니다.

선행이라는 유산

그는 대체로 AD 270-280년경에 지금의 터키에 속하는 리시아Lycia지방에서 상당히 부유한 집안의 아들로 태어났다고 합니다. 그의 아버지는 주변의 어려운 사람들을 많이 도와주어 사람들로부터 존경을 받는 사람이었습니다. 그의 어머니는 여러 해를 아기를 갖지 못하다가 부부가 함께 아기를 위해 간절히 기도한 끝에 그 아들을 낳게 되었습니다. 그들 부부는 좋은 신앙인이었습니다. 그래서 아들에게도 하나님께 감사하고, 잘 섬기며 어려움에 처한 사람들을 도와주어야 한다고 평소에 가르쳤습니다. 그러나 그들 부부는 니콜라스가 열두 살이있을 때 세상을 떠났습니다. 고아가 된 그는 외로운 인생길을 헤쳐 나가야만 했습니다. 그는 그의 아버지가 고아들과 과부들을 돕는 것을 옆에서 보아왔지만 이제 그들의 처지를 실감할 수 있었습니다. 얼마나 외롭고 힘든 삶인지를. 그는 큰 집에서 혼자 살 수밖에 없었습니다.

어느 날 그는 그의 또래 친구들이 오렌지를 수레에 싣고 와서 팔고 있는 어떤 할머니와 어린 손녀를 괴롭히고 오렌지를 훔쳐 먹는 것을 보았습니다. 집에 돌아온 그는 어머니가 쓰던 고급 모직 숄과 은잔을 챙겨 그 할머니의 오두막에 가져다주었습니다. 친척들은 대체로 그의 아버지가 남긴 유산을 잘 지키라고 충고했지만 그는 그 유산으로 가난한 사람들과 어려움에 처한 사람들을 도와야 한다고 생각했습니다. 친구들은 그 돈으로 젊은 날을 즐기며 살아야 한다고도 했지만 그는 그들을 따르지도 않았습니다. 그는 자기에게 진정한 친구는 한 사람도 없다고 생각하고, 몇 년을 그런 갈등을 겪으면서 지낸 뒤에 그들과는 다른 삶을 살기로 다짐했습니다.

어느 날 해안 쪽을 거닐던 니콜라스는 어부 한 사람이 어린 소년에게 마구 매질하는 것을 보고, 그 어부에게 그 아이가 무슨 큰 잘못을 저질렀는지를 물어보았습니다. 그러자 어부는 화를 벌컥 내면서 "이 아이는 내가 은화 열 개나 주고 산 내 노예다. 그런데 이놈같이 일해서는 나는 결코 내 돈을 다 뺄 수도 없을 거다"라고 대답했습니다. 니콜라스는 "어르신, 제가 그 돈을 다 갚아드리면 이 아이를 제게 파실 생각은 있으십니까?"하고 물었다. "물론이지!" 어부가 대답했습니다. 그는 바로 그 돈을 준비해서 그 어부에게 주고 아이를 풀어주었습니다. 아이는 "제발 때리지 마세요"라며 니콜라스 앞에서 빌었습니다. 니콜라스는 "나는 너를 나의 노예로 산 것이 아니란다. 널 풀어줄 테니 집으로 돌아가서 가족을 만나라"고 했습니다. "고맙습니다. 엄마는 저를 필요로 해요. 아빠는 바다에서 죽었는데요, 아빠가 진 빚 때문에 제가 팔리게 된 거예요." 그래서 니콜라스는 그 아이를 자기 말에 태워 그의 집까지 데려다 주었습니다. 이 시절의 이야기로 이렇게 전해지는 것들도 몇 가지 더 있습니다.

성자가 된 산타

그는 18세의 나이에 모든 것을 버리고 고향을 떠나 이상적인 생활을 할 수 있는 곳을 찾아 나섰습니다. 결국 그는 어느 수도원을 찾게 되었고 수도사가 되었습니다. 그러나 1년이 채 못되어 그는 하나님께서 그의 고향으로 돌아가라고 지시하신다는 것을 느꼈습니다. 그는 무일푼인 형편에서 고향으로 돌아간다면 어떻게 사람들을 도울 수 있을지, 그가 이룰 수 있는 일이 무엇일지 갈피를 잡을 수 없었습니다. 그는 그런 고민을 수석 수도사에게 털어 놓았고, 그 수도사는 "우리는 모두 하나님을 믿고 그가 정해 주신 길을 따르도록 부름을 받았단다. 작은 촛불 하나가 어두움 속에서 무슨 일을 해내는지를 잊지 말아라"고 위로해 주었습니다. 이제 그는 하나의 촛불이 되기로 다짐하고 고향으로 돌아갔습니다.

고향에서는 이미 곤경에 처했을 때 그가 도와주었던 친구가 중심이 되어 다른 어려운 사람들을 돕는 사역을 하고 있었습니다. 그는 곧 그 무리의 지도자가 되었고 스무 살의 나이에 그곳 사람들을 돌보는 목양자사제가 되었습니다. 그리고 오래지 않아 그 지방의 주교가 죽고 젊은 그가 그 자리에 추대되어 오르게 되었습니다. 이제 그는 주교a bishop로 일하면서 사람들을 돌보게 되었습니다. 그는 이어서 대주교an archbishop의 자리에까지 올랐다고 합니다. 그러다가 디오클레시안Diocletian 황제재위 284-305가 기독교를 박해할 때 투옥되어 상당 기간 수감생활을 하면서 고문도 겪었다고 합니다.

후일에 기독교로 개종한 콘스탄틴 대제Constantine the Great가 황제재위 313-337의 위에 오르면서 그도 석방되어 고향으로 돌아갔습니다. 그는 거기서 다시 약 30년 동안 사역을 계속했습니다. 그리고 343-337년 사이의 어느 해, 12월 6일에 하늘나라로 부름받아 올라갔습니다. 그는 동방교회에 속한 주교였지만 후일 서방 교회로마 가톨릭 교회에서 성자로 받들어졌습니다. 그는 어린이들의 수호 성자로 받들어졌고 때로는 항해하는 선원들의 수호 성자로도 받들어졌습니다. 그를 기념하는 축일祝日은 그가 하늘나라로 간 12월 6일로 원래는 그 날에 선물도 교환하고 그를 기념하는 행사들도 해 왔습니다. 그 전날12월 5일 밤부터 그를 기념하는 행사를 했던 것입니다. 아이들이 창가에나 벽난로 굴뚝에 양말을 걸어두는 전통도 이 때 생겨난 것들입니다. 니콜라스 성자가 선물을 주기 바라는 마음에서였습니다.

양말에 담긴 선행

성 니콜라스와 관련된 이야기로 중요한 것은 두 가지가 전해집니다. 하나는 그가 얼마나 훌륭한 자선 행위를 했는지를 보여주는 이야기로 그가 선물 보따리를 매고 온다는 이야기의 연원이 됩니다. 니콜라스 주교의 관할 하에 있는 어느 마을에 귀족 또는 상인이 한 사람 살고 있었는데 파산하여 망해버렸습니다. 그런데 그에게는 아름다운 딸이 셋 있었습니다. 딸들은 이미 자라서 결혼 적령기가 되었지만 아버지는 결혼 지참금을 마련할 길이 없었습니다. 당시의 관습으로는 결혼 지참금 없이는 귀족 집안 아가씨가 결혼을 할 방법이 없었습니다. 형편은 더 어려워져서 끼니를 잇기도 어려웠고 딸들에게 좋은 옷을 사서 입힐 수도 없었습니다. 아버지는 슬픔과 수치심에 사로잡혀 추위와 배고픔에 허덕이는 딸들을 생각하며 하염없이 눈물만 흘리며 지냈습니다. 그러던 어느 날 성자 니콜라스가 그 슬픈 이야기를 들었습니다. 밤이 깊어 아버지는 슬픔과 외로움으로 잠들 수 없었지만 그 세 딸은 곤히 잠든 시간에 니콜라스는 금화를 한 줌 넣은 돈 주머니돈이 든 양말를 그 집의 열린 창문을 통해 그 처녀들이 잠들어 있는 방에 던져 넣었습니다. 세 딸의 아버지는 그 주머니를 열어보고 거기에 금화가 들어있는 것을 알았습니다. 그는 너무 기뻐서 잠든 딸들을 깨워 그 이야기를 들려주었습니다. 그리고 그 돈으로 큰딸을 무사히 결혼시킬 수 있었다고 합니다.

※ ※ ※

그러나 그에게는 아직도 결혼 적령기에 이른 두 딸이 있었습니다. 그래서 며칠 후 니콜라스는 다시 금화가 든 돈 주머니를 밤 깊어서 그 집의 열린 창문을 통해 던져 넣었습니다. 그래서 그 집의 둘째 딸도 무난하게 사랑하던 남자와 결혼할 수 있었습니다. 누군지도 알지 못하는 사람이 두 번이나 그렇게 큰 도움을 주어서 딸들의 결혼을 가능하게 해줬으니 아버지는 궁금하지 않을 수 없었습니다. 아직 막내딸이 남아있는 아버지는 그 사람이 누구인지를 꼭 알아내어 감사라도 표하고 싶었습니다. 그래서 그는 다음 날부터 밤마다 열린 창 밑에 몸을 숨기고 그를 기다리기로 했습니다. 얼마 후 니콜라스는 같은 방식으로 그 집을 찾아와서 돈 주머니를 던져 넣었습니다. 아버지는 재빨리 뛰쳐나가 그를 붙잡았습니다.

"오 좋으신 니콜라스 주교님, 왜 이렇게 자신을 숨기십니까?"

놀란 성자는 놀란 가슴을 진정시키고 그 사람에게 이 이야기를 다른 누구에게도 하지 말아달라고 신신당부하였습니다. 물론 그 셋째 딸도 무사히 결혼하여 모두가 행복하게 살았습니다. 그 사람은 그 이야기를 아무에게도 하지 않으려 했지만 결국은 그 이야기는 퍼져나갔고 지금 우리까지도 듣게 된 것이랍니다.

※ ※ ※

성 니콜라스가 어린이의 수호 성자로 받들어지는 배경을 설명해주는 하나의 이야기는 상당히 섬뜩한 이야기입니다. 기근으로 먹거리를 구하기가 어렵던 때에 한 여관집 주인은 아이들을 유괴

하여 죽인 뒤 그 시체를 소금에 절여두었다가 그것으로 다양한 요리를 해서 투숙객들의 식사로 내놓았다고 합니다. 그렇지만 맛있게 먹으면서도 아무도 그것을 눈치채지 못했습니다.

그러던 어느 날 저녁 성 니콜라스가 식사를 하려고 그 집에 들렀습니다. 그는 주인이 내놓은 그 음식을 보자 바로 무엇인가 이상한 점을 알아차렸습니다. 그래서 이것저것, 여기저기를 살피던 중 아이들이 염장鹽藏되어있는 통을 찾아냈습니다. 그 통에는 어린 남자 아이 셋의 시체가 소금에 절여져 있었습니다. 니콜라스는 그 통 위에 십자가의 표시를 그었습니다. 그러자 아이들은 바로 살아나서 나왔습니다. 당시의 관습에 따라 그 여관 주인은 끌려나와 돌에 맞아 죽었습니다.

성탄절의 사람

지금까지의 이야기는 터키에 살았던 니콜라스라는 성자 이야기입니다. 그러면 어떻게 성 니콜라스 이야기로부터 산타클로스 이야기가 발전되었을까요? 우선 니콜라스에 관한 이야기들은 역사적 사실로 확인되는 이야기라기보다 어느 정도 전설적인 이야기로 전해져 내려왔다고 할 수 있습니다. 그리고 많은 사람들이 그를 기리고 그가 행한 선행을 본받아 어려운 사람들을 돕고 궁핍한 사람들에게 베푸는 일을 해 왔습니다. 특히 성탄절을 맞아 주님의 탄생을 기리면서 그렇게 하는 사람들도 많이 있었습니다. 그러다가 독일에서 먼저 성 니콜라스를 성탄절의 사람Christmas man으로 받아들였습니다. 그러나 그 성탄절의 사람은 오늘의 산타클로스와는 달리 성탄절의 중요한 사람은 아니었습니다. 그는 먼저 아기로 오신 그리스도를 돕는 사람으로 여겨졌고, 다음으로 어린이들에게 선물을 나누어주는 일을 했습니다. 프랑스에서는 페레 노엘Père Noël이 니콜라스가 하던 일을 했습니다. 그는 성탄절마다 찾아와서 특별한 과자나 쿠키 등을 나누어 주었습니다. 그는 언제나 아이들의 신발에 이런 선물들을 넣어둔다는 것이었습니다. 러시아에서는 성 니콜라스를 추위의 수호자Father Frost로 발전시켰습니다. 그는 러시아의 정교회가 성탄절로 지켰던 1월에 장난감을 나누어주는 사람이었습니다. 영국에서는 그를 성탄절의 수호자Father Christmas로 발전시켰습니다. 그는 긴 수염을 기르고 키가 크고 여윈 할아버지로 장난감이 가득 든 큰 자루를 메고 오는 사람이었습니다. 어떤 전통에서나 성 니콜라스를 기리는 전통에서는 선물을 나누어주는 것이 공통적인 것으로 발전된 셈입니다.

그리고 좀 더 후일에는 착한 어린이들에게는 선물을 나누어주지만 좋은 일을 많이 하지 않고 기도를 게을리 하는 아이들을 혼내주는 분으로 발전되기도 하였습니다.

※ ※ ※

16세기의 종교개혁기 이후 독일과 영국을 중심으로한 개신교 국가들에서는 가톨릭 성자들의 숭상을 금지하였으나 사람들은 선물을 나누어주려고 해마다 찾아오는 성자 이야기에 익숙해 있었습니다. 이런 과정을 겪으면서 성 니콜라스 축일12월 6일과 성탄절의 축제가 자연스럽게 합해지게 되었습니다. 그러나 성 니콜라스를 기념하는 일은 특히 영국에서는 여전히 금지 사항이었습니다. 1620년 청교도들이 미국으로 건너갔을 때 그들은 엄격한 신앙생활을 고수했고 심지어 성 니콜라스의 이름을 부르는 것도 위법사항에 넣었다고 합니다. 그 때에는 성탄절 절기에 캐럴을 부르거나 선물을 교환하는 일, 성탄 촛불을 켜는 것도 금지사항에 속했다고 합니다. 그래서 미국에서 성 니콜라스를 기리는 일은 훨씬 뒤에18세기 말 전해졌습니다. 그것도 네덜란드와 독일 사람들이 이민을 오면서 가져온 전통이었습니다. 네덜란드 사람들이 초기 뉴욕을 중심으로 정착했으므로 미국에서의 산타클로스는 뉴욕에 처음으로 등장했다고 할 수 있습니다. 그들은 성 니콜라스를 그들의 수호 성자로 받아들였기 때문입니다. 그래서 그들은 성탄절에 시로 선물을 주고받는 풍속도 그대로 행했습니다. 그리고 그 아이들이 성탄절에 선물을 받는다는 이야기가 퍼지면서 엉어권의 사람들도 그런 전통을 받아들이게 되었습니다. 성 니콜라스St. Nicolas를 네덜란드 식으로 발음하던 Sinterklaas 에서 산티 클로스Santy Claus라는 말이 만들어지고, 시간이 흐름에 따라 이 이름이 완전히 미국화되면서 산타클로스Santa Claus라는 이름으로 발전되었다는 것이 여러 가지 설명 가운데 그래도 가장 설득력을 가진다고 할 수 있습니다.

굴뚝이라는 모티브

산타클로스가 선물을 준다는 전통은 성 니콜라스의 자선 행위에서 비롯되어 19세기 초1908-9에 어빙Washington Irving이라는 사람이 하늘을 나는 말이 끄는 마차를 타고 12월에 찾아오는 사람the December visitor이 그가 좋아하는 사람들의 집 굴뚝을 통해 선물을 떨어뜨려준다는 이야기를 글로 쓰면서 12월에 아이들이 선물을 받는 길을 열었다고 할 수 있습니다. 다른 한편 뉴욕에 있던 감독교회의 주교요 신학 교수General Theological Seminary였던 무어Clement Clarke Moore가 1822년 성탄전야에 '성탄전야The Night Before Christmas'라는 서사시를 발표하고 다음 해에 그것이 문서로 출판됨으로써 미국의 성탄 전통에 새로운 변화를 가져왔습니다. 그의 시에서 산타클로스는 여덟 마리의 작은 순록들이 끄는 썰매를 타고 하늘을 나는 유쾌한 할아버지 요정으로 묘사됩니다. 그는 심지어 그 순록들의 이름까지 지어주었습니다. 돌진이Dasher, 춤꾼Dancer, 껑충이Prancer, 심술이Vixen, 혜성彗星이Comet, 연애꾼Cupid, 신사Donder, 공격수Blitzen가 그들의 이름이었습니다. 그것은 그 산타클로스성 니콜라스 요정가 성탄전야에 착한 아이들의 집을 찾아 선물을 나누어준다는 이야기의 결정판이었습니다.

그런데 왜 산타는 굴뚝을 통해 들어오는 것일까요? 물론 그가 들어갈 수 있도록 열린 통로가 굴뚝이기 때문입니다. 성탄절이 추운 겨울이므로 사람들은 모두 출입문이나 창문을 모두 닫아 잠글 것이기 때문입니다. 하여간 성 니콜라스가 굴뚝을 통해 선물을 나누어준다는 이야기는 위의 산타 이야기보다는 몇 백 년 전부터 네덜란드에서 전해오던 이야기였습니다.

※※※

어빙의 시에서는 산타의 모습을 자세하게 묘사하고 있지는 않았습니다. 그래서 1840년대를 거치면서 백화점들은 다양한 복장을 한 산타들을 내세워 판촉활동을 하게 했습니다. 그런 산타들은 순록이 끄는 썰매와는 무관하게 백화점에 등장했던 것입니다. 그리고 1863년 이후로 독일에서 이민 온 나스트*Thomas Nast*라는 주간지Harper's Weekly에 삽화를 그리던 사람이 1880년대에 이르기까지 산타클로스의 모습을 매년 12월호에 삽화로 그린 것이 오늘 우리에게 익숙한 산타클로스의 모습으로 발전했습니다. 이 산타는 친절하고 멋진 그리고 항상 유쾌한 모습이었다. 산타의 집과 장난감 공장은 북극의 눈과 얼음 속에 감추어져 있는 것으로 묘사되었고, 그는 흰 수염을 길게 기르고 붉은 옷과 모자를 쓰고 선물이 가득 든 자루를 메고 오는 분으로 묘사되었습니다. 그 이후로 산타클로스의 모습과 전통은 다양하게 발전되어 오늘에 이르렀다고 할 수 있습니다.

크리스마스카드와 선물 교환

현대를 살아가는 우리는 성탄 카드 없는 성탄절을 상상하기 어렵습니다. 최근에 와서는 조금 시들해져가는 전통이기는 하지만 역시 연하장이라는 형태로 성탄 카드가 전해지고 있고, 미디어 산업의 발달로 종이로 만든 카드보다는 인터넷을 통한 메일이나 휴대 전화를 통한 문자 메시지 능 바뀐 형태로 전달되는 시대가 되었습니다. 이런 성탄 카드 전통은 어떻게 형성되었을까를 생각해보는 것도 의미 있는 일이 될 것입니다.

가장 늦게 만들어진 전통

크리스마스카드는 성탄절 전통 가운데 가장 늦게 만들어진 것 중의 하나입니다. 영국에서 일어난 산업혁명18세기 후반의 결과로 중산층이 대거 등장하고 우편 제도가 활성화 되었으며, 인쇄술이 발달한 것 등이 성탄 카드가 등장하는 배경이 되었습니다. 이런 배경에서 크리스마스카드를 처음 구상하여 실천에 옮긴 사람은 19세기 중반에 영국의 헨리 콜 경Sir Henry Cole이었습니다. 그는 매우 폭넓은 활동을 하던 인물이었습니다. 그는 미술과 건축에 관한 글을 쓴 작가였으며, 어린이들을 위한 책을 편집 출판하는 사람이었습니다. 그는 또 런던 박물관의 관장을 지내기도 했습니다. 그리고 디자인에 관한 정기간행물the Journal of Design을 창간하기도 했습니다. 그의 지위와 부는 그가 상류층 인사들과 자유로운 교분을 나눌 수 있게 했고, 빅토리아 여왕 부처와도 친구처럼 지낼 수 있었습니다. 그는 무척 바빴고 무엇보다도 시간에 쫓기며 살았습니다.

카드의 탄생

1843년 12월이었습니다. 그의 우편함은 지인들과 친구들이 보낸 성탄 인사 편지들로 가득 찼습니다. 그는 앉아서 그런 우편물을 일일이 열어보고 답을 쓸 만한 여유는 전혀 없었습니다. 그의 우편물은 자꾸 쌓여만 갔습니다. 친구들과 지인들의 마음에 상처를 주지나 않나 하는 염려도 커져갔습니다. 그러던 어느 날 그는 책상 위에서 빳빳한 종이 하나를 집어 들어 거기에 쓰인 글을 읽고 접었습니다. 문득 옛날 생각이 났습니다. 어릴 때 선생님이 성탄절에 관한 그림을 숙제로 내주셨던 기억이었습니다. 아이들은 모두 다양한 그림들을 그려 왔었습니다. 그의 머릿속에서는 그 때 그들이 그렸던 다양한 그림들과 책상 위에 접혀 있는 두꺼운 종이가 결합되고 있었습니다. 해마다 겪는 인사 편지들에 대한 답을 하는 문제에 대한 해답을 얻은 것 같았습니다.

콜은 몇 시간도 가기 전에 그의 친구인 화가 호슬리John Calcott Horsley를 찾아가 만났습니다. 호슬리는 콜의 이야기를 듣고 바로 그의 뜻을 알아차렸습니다. 콜은 친구에게 그 표지에 그릴 그림은 성탄 축제를 묘사하되 어려움에 처한 사람들에게 연민의 정을 불러일으킬 수 있으면 좋겠다고 했습니다. 그리고 화가 친구는 즉석에서 몇 장의 천연색 그림을 그려냈습니다. 콜은 바로 잘 알려진 인쇄업자에게 인쇄를 맡겼습니다. 그 접힌 카드 안쪽에는 "즐거운 성탄과 행복한 새 해를 당신에게A Merry Christmas and a Happy New Year to You"라는 글을 인쇄해 넣었습니다. 그들은 초판으로 1,000장의 카드를 찍어냈습니다. 그런데 예상 외로 반발이 많이 일어났습니다. 그 그림이 어느 가족의 성탄 축하파티를 그린 것으로 축배를 드는 장면이었기 때문입니다. 당시의 정서로 그것은 음주를 부추긴다는 것이었습니다. 그러나 전체적으로는 그 카드가 긍정적인 반향을 불러일으켰습니다. 다음 해에도 그 카드는 발행되었고 그 2년 사이에 크리스마스카드는 수천의 영국 가정들이 성탄 인사를 전하는 수단이 되었습니다. 카드 값이나 우편료가 저렴했으므로 기꺼이 이용할 수 있었습니다. 우편물의 폭주로 우체국은 사람을 특별히 더 써야할 형편이었습니다.

※※※

성탄 카드가 등장하고 10년도 못 되어 많은 미술가들과 인쇄업자들이 다양한 크리스마스카드를 만들었고, 해마다 수십 만 명의 사람들이 이 카드들을 이용했습니다. 곧 이 전통은 유럽 대륙으로 퍼져나갔고 1850년대 중반을 지나면서 상업적인 크리스마스카드가 거의 유럽 전역을 누비게 되었습니다.

※※※

미국의 경우는 좀 더 늦게 크리스마스카드가 도입되었습니다. 유럽에서 그것이 퍼져나가던 시기는 미국의 경우 남북 갈등이 심화되어 남북전쟁을 치르던 시기1861-65였기 때문에 그런 전통을 받아들일 여유가 없었던 것입니다. 그러나 미국에서도 크리스마스카드의 열풍이 일어났습니다. 그 불을 처음으로 지핀 사람은 독일에서 이민 온 프랭Louis Prang이라는 사람이었습니다. 그는 원래 인쇄공이었으나 미술과 색상, 교육 등에 관련된 책을 펴냈고, 1856년 이래로 그 자신과 가까운 몇몇 친구들을 위해 세계적인 미술 작품들을 이용하여 크리스마스카드를 찍어내다가 1873년 인쇄업자들의 모임에 참여한 것이 발화점이 되어 4도 세상의 아름다운 크리스마스카드를 상업용으로 발행하였습니다. 그리고 영국에서는 그 시장이 상당히 넓다는 것을 알고 그가 만든 카드 전량을 영국으로 수출하여 런던에 있는 가게들에 내놓게 되었습니다. 풍부한 색상 때문에 미국 카드는 성공적으로 팔려나갔습니다. 다음 해에 프랭은 카드를 만들어 영국으로 수출할 뿐만 아니라 미국 내의 가게들에도 내놓았습니다. 2년 내에 프랭의 카드는 미국에서도 성탄절의 시장에서 중요한 자리를 차지하게 되었습니다. 1880년에는 크리스마스카드의 수요가 그의 공급 능력을 넘어섰습니다. 그는 신문과 잡지의 광고를 통해 성탄 카드에 사용할 그림을 출품할 수 있는 경연대회를 열 수 있었습니다. 결선에서 뽑히기만 하면 그 그림이 다음 해 성탄 카드로 발행될 뿐 아니라 3,000불의 상금까지 벌 수 있는 기회였습니다. 결국 경연대회는 성공적이었고 그것을 계기로 삼아 프랭은 미국의 크리스마스카드 시장을 영국의 시장과 맞먹는 수준으로 끌어올렸습니다. 1890년 이후로 유럽의 업자들이 값싼 노동력과 저렴한 비용의 인쇄 과정을 도입함으로 프랭을 크리스마스카드 시장에서 몰아냈지만 그는 "미국의 크리스마스카드의 대부the Father of the American Christmas Card"로 두고두고 기억될 것입니다.

※※※

20세기에 들어와서는 눈 덮인 교회 건물 그림, 기도하는 어린이, 크리스마스캐럴을 부르는 아이들, 천사들, 목자들 등 성탄과 관련된 다양한 그림들이 카드의 그림들로 등장하게 되었습니다. 결국 크리스마스카드는 친구나 가족, 지인들에게 보내는 연하 인사장 이상으로 복음전파의 수단으로까지 이용되게 되었습니다.

※※※

우리나라에서도 한 동안 크리스마스카드는 성탄절에 뺄 수 없는 중요한 하나의 전통이었으나 최근에 와서 많은 미디어 매체의 발달로 종이로 만든 성탄 카드는 뒷전으로 밀리고 있습니다. 하지만 그것은 연하장의 형태로 여전히 연말 우편물의 상당 부분을 차지하고 있습니다. 비록 실지로 카드를 보내지는 않더라도 함께 성탄절을 기쁨으로 맞이하면서 인사를 전하는 그 정신은 어떤 식으로든 지켜지는 것이 좋을 것입니다.

로마인들의 새해 인사법

성탄절의 다른 하나의 전통은 선물을 주고받는 것입니다. 성탄절 선물로 최초로 등장하는 이야기는 동방박사들이 아기 예수를 찾아와서 황금과 유향과 몰약을 예물로 드린 이야기입니다. 그러나 그것이 성탄절에 선물을 주고받는 전통으로 발전했다고 보기는 어렵습니다. 오히려 고대 로마인들의 농신農神 축제 Saturnalia, 12월 17일에서 선물을 주고받던 관습에서 성탄절 선물교환의 전통이 발전했다고 보는 편이 더욱 설득력을 가집니다. 그 때 사람들은 그들의 후한 선물이 다음 해의 풍년을 가져다준다고 믿었던 것입니다. 기독교 초기 역사 몇 세기 동안 기독교를 받아들인 로마인들은 여전히 그들의 농신 축제를 즐겼습니다. 선물을 준비하여 교환하는 것이었습니다. 4세기에 와서 12월 25일이 그리스도의 탄생일로 규정이 되면서 농신 축제의 관습이 그대로 성탄절로 연결되기 시작했습니다. 축제 행사가 겹쳐졌기 때문이라고 할 수 있습니다. 그러나 이것도 성탄절의 선물교환 전통과는 무관하다는 것이 정설로 받아들여집니다. 농신 축제일이 사라지면서 선물교환 관습도 사라졌다는 것입니다.

※ ※ ※

그 대신 이 시대를 지내면서 계속되어 온 로마인들의 전통은 새해를 맞으면서 선물을 주는 관습이었다고 합니다. 이런 관습은 중세기를 거치면서 그대로 이어져 내려왔고, 근대에까지 이어졌는데 그것이 성탄절에 선물을 교환하는 흐름으로 바뀌었다는 것입니다. 그리고 그렇게 되는 데는 몇 가지 다른 요인들도 관계가 있었으리라고 봅니다. 먼저 산타클로스의 실제 인물이었다는 성 니콜라스가 어려운 사람들에게 선물을 주었다는 이야기가 성탄절과 연관되어지는 것이었습니다. 그의 축일로 지켜지던 12월 6일은 아이들에게 특별한 선물을 주는 날로 발전했고, 유럽의 아이들에게는 그 날이 가장 신나는 날이었다는 것입니다.

선물을 주는 각국의 방식

다른 한편 유럽의 많은 왕들은 그런 전통을 보고 또 성경말씀에 나오는 동방박사들이 새로 태어나신 아기 왕께 예물을 드렸다는 이야기에서 모든 신민臣民은 그날성탄절에 왕께 선물공물을 바쳐야 한다는 법령을 만들어 백성들을 수탈하는 비극적인 일도 일어났습니다. 그러던 중 11세기에 와서 왕들 가운데 일부가 그런 흐름을 바꾸어 오히려 그날은 제왕이 어려운 백성들에게 음식과 땔나무, 의복을 나누어주는 날로 바꾸었습니다. 성탄절을 어려운 사람들을 구휼하는 날로 발전시킨 것입니다. 동 유럽에서 시작된 이런 흐름은 후일에 영국과 미국에까지 확산되있습니다. 우리가 성탄절 헌금을 어려운 사람들을 위해 사용하는 전통의 뿌리였다고 할 수 있습니다. 이런 흐름과 성 니콜라스 이야기에서 나온 흐름들이 성탄절에 어려운 사람들을 돕는 일은 익명으로 하는 흐름으로 발전되었다고 할 수 있습니다. 그리고 성탄절에 친구들이나 사랑하는 이들에게 몰래 선물을 주는 관습도 생겨났다고 볼 수 있습니다. 네덜란드 사람들은 이것을 한 걸음 더 발전시켜 성탄 선물을 감추어두고 어디에서 그 선물을 찾을 수 있는지를 암시하는 메모를 남김으로 선물을 받는 기쁨을 더욱 높이는 전통도 만들어졌다고 합니다. 선물의 크기와는 무관하게 다양하게 포장하는 관습은 덴마크 사람들이 만들었다고 합니다.

❋ ❋ ❋

이런 선물을 주는 전통은 영국과 미국에서는 가장 늦게 발전했습니다. 청교도들은 동방박사들은 오직 아기 예수님께만 예물을 바쳤다고 믿고 아이들에게도 그렇게 가르쳤기 때문입니다. 그래서 영국과 미국에서는 성탄절에는 선물을 주고받지 않고 그 뒤에 즉 새해를 맞으면서 새해 선물을 주고받는 전통이 이어져 왔습니다. 그러나 1820년대를 거치면서 산타클로스 이야기가 구체화되어 확산됨에 따라 아이들은 성탄 전야나 성탄절 아침에 선물이 와 있기를 기대하게 되었습니다. 상인들의 상술이 이런 흐름을 더욱 부추겼습니다. 미국에서도 남북전쟁 이후 이런 흐름은

급속히 확산되었고, 20세기에 들어오면서 새해 선물 교환은 성탄 선물 교환으로 완전히 바뀌게 되었습니다. 결국 우리나라에서까지도 연말연시는 상인들에게 가장 좋은 매상을 올릴 수 있는 기회로 떠오르게 되었습니다.

다른 성탄절 전통들

그 밖에도 다른 성탄절과 관련된 이야기들은 많이 있습니다. 우선 성탄절을 기념하여 기뻐하면서 그 날을 지킨 것도 처음부터 있었던 일은 아닙니다. 우리는 분명하게 언제부터 교회가 성탄절을 지켰다고 말할 수는 없습니다. 단지 초기 교회는 전혀 예수 그리스도께서 세상에 오신 날을 기념하고 기리는 예배를 드리지도 않았고 어떤 축하 행사나 행위도 하지 않았다는 것만은 분명하다고 할 것입니다. 그것이 역사에서 처음으로 언급된 것이 AD 125년 로마의 주교 텔레스포러스Telesphorus가 교회는 "우리 주님과 구주로 오신 그분의 탄생the Nativity of Our Lord and Savior"을 기리는 예배를 드려야 한다고 선포했기 때문입니다. 그러나 그 날이 언제인지는 전혀 언급되지 않고 있습니다. 그래서 처음에는 다양한 날을 잡아 예배를 드렸습니다. 그러다가 일반적으로 오늘의 교회가 주현절主顯節: Epiphany로 지키는 1월 6일에 예배를 드리게 되었고, 320년에 와서 교황Julius I이 12월 25일을 성탄일로 선포했습니다. 5년 후에는 기독교로 개종한 콘스탄틴 대제 Constantine the Great가 그 날에 성탄절 예배와 축제를 행하도록 함으로써 성탄절 축제가 시작된 것입니다.

크리스마스의 어원

성탄절크리스마스이라는 말은 그리스도의 탄생 기념일을 의미하는 말로 영어로는 크리스마스Christmas 즉 그리스도Christ라는 말과 미사mass: 예배라는 말이 합해져서 만들어졌습니다. 중세 교회의 전통은 그 날은 그리스도의 탄생을 기념하는 미사를 세 번 드렸다는 데서 붙여진 말입니다. 전야의 자정과 새벽, 그리고 낮에 드리는 미사가 그것입니다. 그것은 또한 그리스도 탄생의 3중성을 상징하는 것이라는 설명도 있습니다. 영원하신 성부 하나님의 품 안에서 독생 성자 그리스도가 영원히 나시는 것과 마리아의 태에서 태어나는 것, 그리고 신자들의 마음속에 in the soul of the faithful 신비하게 들어오시는 것을 상징했다고도 합니다. 프랑스에서는 그 날을 노엘 Noël, 이탈리아에서는 나탈레 Natale, 독일에서는 바이나흐텐 Weihnachten이라고 부르기도 합니다. 또 크리스마스를 Xmas라고 부르기도 하고 표기하기도 하는데 이것은 초기 교회 시대까지 그 기원이 거슬러 올라가는 것으로 보입니다.

'오심'의 의미

성탄절을 기다리는 절기로는 대림절待臨節, 待降節: Advent이 있습니다. 성탄절 전 네 번째 주일*부터 성탄절까지를 일컫는 말로 우리에게 오시는 메시아를 기다리는 절기라 할 수 있습니다. Advent라는 말의 어원은 '오심 coming'을 의미하는 말에서 왔기 때문입니다. 대림절은 교회력에 따라 꽃 장식을 하고 촛불을 밝히는 것 등이 그 특징이 됩니다. 이 기간은 세상에 구원을 주시려고 오실 뿐만 아니라 우리 한 사람 한 사람을 구원해주시기 위해 오신 예수님을 생각하며 기도로 기다리는 기간입니다. 또한 개인적으로 지

---

* 11월 30일에 가장 가까운 주일

난 날을 돌아보고, 자기 성장을 도모하는 기간이 되기도 합니다. 오늘 우리는 성탄절을 중심으로 대림절을 생각하기 때문에 아기 예수의 모습으로 우리에게 오신 예수 그리스도만을 생각하고 기다리는 경향이 강합니다. 그러나 원래 그 오심이라는 말로 의미한 것은 3중의 의미였었습니다. 물론 첫째는 아기 예수님의 모습으로 우리를 찾아오신 예수 그리스도의 오심입니다. 둘째로는 우리 각 사람의 마음 문을 두드리시며 찾아주시는 주 예수 그리스도의 오심입니다. 셋째로는 마지막 날 심판주로 다시 오실 예수 그리스도를 기다리는 마음을 갖는 것입니다. 북 유럽을 중심으로 크리스마스트리 전통이 발전되면서 대림설의 시작과 더불어 크리스마스트리가 세워지고 거기에 촛불을 밝히는 전통이 곁들여지게 되었다고 할 수 있습니다. 촛불도 큰 것 하나만 밝히는 것부터 매일 또는 매 주일 촛불을 하나씩 더 켜는 것까지 여러 가지 흐름이 발전해왔습니다.

※※※

그리고 크리스마스는 12월 25일 하루에 국한되는 것이 아니라 그날부터 주현절(1월 6일) 축제가 시작되기 전까지 12일간을 성탄절기로 삼아 지키는 전통도 전해졌습니다. 특히 중세기에는 성탄절을 그렇게 12일 동안 지켰다는 주장도 전해집니다. 그 기간에는 여러 날을 축일로 삼아 기념하기도 했습니다. 12월 25일은 성탄일, 26일은 스데반 순교 기념일, 27일은 사도 요한의 날, 28일은 헤롯이 베들레헴 지경에서 죽인 젖먹이들을 기리는 축일, 1월 1일은 신년 축일, 6일은 주현절 축제 등으로 지켰습니다. 성탄절이 완전한 사람으로 오신 예수님을 기리는 날인 반면 주현절主顯節: Epiphany은 완전한 신성神性:divinity을 지닌 예수님의 오심을 기념하는 날입니다. 어떤 사람들은 그 날을 예수님이 세례 받으신 날을 기념한다고 주장하기도 합니다. 우리나라에서는 그런 축일 중에 신년 예배 이외에는 어느 축일도 지키지 않고 잊어버리고 있습니다.

또 하나의 전통: 양말 걸어두기

또 다른 하나의 전통은 성탄 절기에 양말을 창문이나 벽난로 옆, 또는 출입문에 걸어두는 일입니다. 이런 전통은 어디에서 왔을까요? 물론 산타클로스의 실재 인물이었던 성 니콜라스가 가난한 집 딸 셋을 위해 번번이 금화든 주머니를 던져줄 때 그들이 걸어둔 양말에 던져 넣어주었다는 이야기로부터 발전했다는 것이 일반적인 설명입니다. 고대에 가난한 집 아이들은 양말을 오직 한 켤레밖에 가질 수 없었다고 합니다. 그래서 저녁이면 신던 양말을 빨아 밤새 마를 수 있도록 가장 잘 말릴 수 있는 곳에 걸어두었다는 것이죠. 성 니콜라스 이야기가 전해지면서 아이들은 그의 축일12월 6일에 양말을 걸어두고 선물을 기대하는 전통이 생겼다고 합니다. 그리고 이것은 세월이 흐르면서 성탄절 풍속으로 바뀌었고, 아이들을 둔 부모들을 미리 선물을 준비해 두었다가 성탄 전야 밤이 깊어 아이들이 잠든 뒤에 그 선물을 양말에 넣어둠으로써 아침에 일어난 아이들을 기쁘게 했다는 것입니다. 아이들의 양말이 너무 작았으므로 초기에는 오렌지나 사과 등의 과일을 선물로 사용하다가 아이들이 좀 더 큰 선물을 기대하면서 점차 큰 양말을 걸기 시작했다는 것입니다.

촛불 밝히기

성탄절에는 촛불을 밝히는 전통도 있습니다. 그런 전통은 어디에서 유래했을까요? 우선 고대인들은 12월을 년 중 가장 어두운 계절로 인식했습니다. 밤이 점차 길어지고 빛이 힘을 잃어가는 때였기 때문입니다. 그래서 빛을 밝히는 것은 태양신에게 용

기를 북돋우어주는 일이라고 생각했습니다. 그래서 성탄절 절기가 있기 전부터 사람들은 12월에 불을 밝히는 의식을 행해왔다는 것입니다. 특히 그것은 북극에 가까운 지역일수록 매년 반복되는 의식으로 발전했습니다. 그러다가 기독교가 전파되고 성탄절 전통이 전해지면서 불을 밝히는 일이 성탄절에는 거의 필수적인 일로 받아들여졌습니다. 대림절 기간에 촛불을 매주 하나씩 늘여가는 것은 이런 전통과 무관하지 않을 것입니다.

※ ※ ※

그리고 크리스마스트리에 밝히는 불들은 앞에서 이미 이야기한 루터Martin Luther가 12월의 어느 늦은 밤 집으로 돌아오는 길에 숲속을 통하여 보이는 아름답게 반짝이는 별빛에 큰 감동을 받아 집안에도 그 감동을 그대로 재현하려는 뜻에서 촛불을 밝혔던 것과 관련되리라고 생각합니다. 이런 전통이 에디슨Thomas Edison의 전구의 발명1879과 함께 더욱 아름다운 장식으로 발전하였던 것이죠.

※ ※ ※

이 밖에도 여러 가지 전통들이 있지만 한국교회의 경우 크게 의미 있는 일로 받아들여지는 것은 없다고 하겠습니다. 그 중에는 막대기 과자candy danes나 크리스마스 실Christmas seals, 가지가지 장식들, 크리스마스 전야에 피우는 장작불yule logs 등을 들 수 있을 것입니다.

세계의 성탄절 이야기

지금까지 우리는 성경 말씀에서 찾을 수 있는 성탄절의 의미와 성탄절에 대한 바른 이해를 찾아보았습니다. 또 유럽과 미국을 중심으로 발전해온 여러 가지 성탄절 전통을 살펴보았습니다. 그러나 성탄절은 오늘 날 지상에 있는 모든 나라들과 사람들이 어떤 식으로든 맞아 즐기는 날이 되었다고 할 수 있습니다. 이 책의 첫머리에서도 '성탄절의 세속화'라는 말을 쓰기도 했습니다. 그 말은 기독교가 중요한 종교로 받아들여진 세계에서는 크리스마스가 너무 상업화 되고 있고 세속적인 축제로

변하고 있음을 의미합니다. 동시에 그 말은 비기독교 세계에서까지도 그 날을 기억하고, 나아가서 그 날을 기념하기도 한다는 의미에서이기도 합니다.

한여름의 크리스마스?

그렇다고 전 세계가 같은 형식으로 성탄절을 보내는 것은 결코 아닙니다. 그것은 교회 안에서도 마찬가지입니다. 우선 남반구에서는 12월 25일이 한 여름에 속하기 때문에 북반구에 있는 교회들이 가진 전통을 그대로 따를 수 없는 것은 당연한 일입니다. 예를 들면 오스트레일리아호주는 기독교 국가라 할 수 있지만 그 나라가 남반구에 속해 있으므로 우리와는 아주 다른 크리스마스를 보내고 있습니다. 많은 호주 사람들은 해변에서 그들의 성탄절을 즐깁니다. 성탄절을 즐기는 식사도 야외에 나가서 피크닉picnic 나온 사람들의 식탁처럼 해서 즐기고 야외에서 즐기는 놀이들을 하기도 합니다.

※※※

아프리카의 남부 내륙 지역에 있는 짐바브웨Zimbabwe에서도 성

탄절*을 중요한 기독교의 절기로 지킵니다. 그들도 한 여름에 성탄절을 맞는 것입니다. 아버지들은 그들의 아내들과 아이들을 위해 옷가지들과 과자 등을 선물로 준비해서 주고, 성도들은 어느 한 집에 모여 음식을 함께 나누면서 즐깁니다. 물론 함께 성탄 노래를 부르기도 합니다.

❋❋❋

이번에는 반대로 북반구의 끝 쪽에 위치한 노르웨이의 성탄절을 볼까요? 북극에 가까운 그들은 옛날부터 성탄절 장작불 yule log 을 피우는 관습이 있었습니다. 그들의 조상 바이킹 Vikings 들이 하

---

* 그들은 그 날을 Kisimusi라고 부른다

던 축제를 이어받은 것입니다. 그들은 동짓날 태양의 잠을 깨우기 위해 장작불을 피웠습니다. 한겨울에 태양을 볼 수 있는 시간이 너무 짧은 그들은 큰 통나무들을 베어 마을로 끌고 와서 거기에 불을 피움으로써 그 마을에서 악귀를 몰아내고 행운을 가져다주며 태양이 제 자리를 찾게 한다고 믿었던 겁니다. 이런 관습이 그대로 성탄절 전통으로 받아들여져서 행해졌습니다. 그리고 노르웨이 사람들은 성탄절에 가족 묘지를 찾아가서 촛불을 켜는 관습도 행해왔습니다.

※ ※ ※

러시아는 전체적으로 동방 정교회에 속한 기독교 사회입니다. 그들은 성탄 전야에 미사에 참석하기 위해 교회로 올 때 횃불을 들고와서 찬양을 하면서 교회 주위를 도는 횃불 행진을 한 뒤에 교회 안으로 들어가는 전통이 있습니다. 러시아 사람들은 전통적으로 전체 가족이 함께 모일 수 있는 한 친척의 집에 모여서 성탄절 저녁 만찬을 가지는 전통도 있습니다. 그들은 성탄절 전야에는 고기를 먹지 않고 통밀로 만든 특별한 음식과 꿀을 먹습니다. 통밀은 희망을 상징하고 꿀은 성공을 상징하는 것입니다.

성탄의 유산

어쨌든 크리스마스는 기독교인들만이 아니라 전 세계에서 가장 널리 지켜지는 축일이라 할 수 있습니다. 나라와 지역에 따라 나름대로의 전통과 특색을 드러내면서 예수 그리스도의 오심을 기리는 것입니다. 그것이 세계화 되면서 세속화되는 문제도 안고 있다고 할 수 있습니다. 한국 교회의 경우 특별한 성탄절 전통을 갖고 있다고 할 수는 없습니다. 대체로 미국이나 유럽에서 발전되어온 전통들을 그대로 받아들여 행하고 있다고 할 수 있을 뿐입니다. 성탄절 새벽에 신자들의 가정들을 돌면서 성탄 찬송을 부르던 새벽송의 전통도 지금은 거의 찾아보기 어려운 상황이 되었습니다. 성탄절 헌금을 어려운 사람들을 돕는 일에 쓰는 것은 거의 정형화되고 있다는 것은 바람직한 흐름이라고 보아도 될 것입니다. 앞으로의 한국교회도 좀 더 아름다운 그리고 뜻깊은 성탄절 전통을 세워나가는 일을 결코 소홀히 할 수는 없을 것입니다. 다음 세대를 위한 아름다운 성탄절 기억들을 유산으로 남기는 일을 말합니다.

 참고문헌

Collins, Ace. *Stories Behind the Great Traditions of Christmas*. Grand Rapids, Mich.: Zondervan, 2003.

_____. *Stories Behind the Best-loved Songs of Christmas*. Grand Rapids, Mich.: Zondervan, 2001.

_____. *More Stories Behind the Best-loved Songs of Christmas*. Grand Rapids, Mich.: Zondervan. 2006.

Gumble, Nicky. *Why Christmas?* Deerfield, Il.: Alpha North America, 2008.

Haidle, Helen. *Christmas Legends to Remember*. Colorado Springs, Colorado: Honor Books, 2002.

Joshep, J. *Were They Wise Men or Kings? The Books of Christmas Questions*. Louisville, Ky.: Westminster John Knox Press, 1989.

Lucado, Max. *The Max Lucado Christmas Collection*. Nashville, Tenn.: Thomas Nelson, 2008.

Marsh, Carole. *Christmas Traditions Around the World*. Gallopade International.

Strobel, Lee. *The Case for Christmas*. Grand Rapids, Mich.: Zondervan, 2005. Walsh,